带着文化游名城

老郑州记忆

瑞德堂主 编著

黄河出版传媒集团
阳光出版社

图书在版编目（CIP）数据

老郑州记忆 / 瑞德堂主编著. -- 银川：阳光出版社, 2025.6. -- (带着文化游名城). -- ISBN 978-7-5525-7657-3

Ⅰ. K296.11-49

中国国家版本馆CIP数据核字第2025V9462B号

带着文化游名城
老郑州记忆

瑞德堂主　编著

责任编辑　赵　寅　谢　瑞
封面设计　尚世视觉
责任印制　岳建宁

出版发行　阳光出版社
地　　址　宁夏银川市北京东路139号出版大厦（750001）
网　　址　http：//ssp.yrpubm.com
网上书店　http：//shop129132959.taobao.com
电子信箱　yangguangchubanshe@163.com
邮购电话　0951-5047283
经　　销　全国新华书店
印刷装订　河北翔驰润达印务有限公司
印刷委托书号　（宁）2501012

开　　本　710 mm×1000 mm　1/16
印　　张　13
字　　数　200千字
版　　次　2025年6月第1版
印　　次　2025年6月第1次印刷
书　　号　ISBN 978-7-5525-7657-3
定　　价　58.00元

前　言

　　在中原腹地，有一方秀美的山河，一片古老的土地。它横跨黄河流域，境内高山大河奇险俊秀。它历史悠久，文化底蕴深厚，中华人文始祖轩辕黄帝从这里走来一统中原，自此华夏文明从这里发祥，源远流长。时代变迁，风云变幻，它五次为都、八代为州，彰显了中华古都的雄美气势，它就是中原最美的地方——郑州。

　　早在6000年前，先民们就在这片土壤上生活和繁衍。大河村文化遗址见证了郑州从原始社会向奴隶社会的发展过渡。5000多年前，轩辕黄帝在郑州出生，之后统一华夏部落，在郑州建都。3600年前，中国第二个奴隶制王朝——商朝在此建都。至今，我们还能从现存商代城墙遗址中感受历史遗风。春秋时期，作为诸侯国之一的郑国从第二代君主起就把都城迁到了新郑（郑州管辖），后战国时期，"三家分郑"之一的韩国，在灭掉郑国之后，也把都城迁到了新郑。

　　"郑州"这个名字最早出现是在隋朝开皇三年（583年），也就是隋文帝时期。583年，隋文帝实行州、县二级制，并将荥州改名为郑州。此后，郑州在宋、金、元、明、清等8代为州。

　　旧时古都，那些灿烂的文明于风云变幻中历久弥新。"千年第一古刹"少林寺、道教圣地中岳庙、宋代四大书院之一的嵩阳书院、中国最古老的登封观星台都是中华文明史上的璀璨明珠。同时郑州拥有商城遗址、裴李岗遗址、北宋皇陵、轩辕黄帝故里、杜甫故里、潘安故里等历

史名胜和文化古迹8000多处，文物数量和规模居全国城市前列。可以毫不夸张地说，郑州处处皆历史，处处有风情。在这本书中你可以肆意地想象那些被掩埋在历史中的任何一个场景、任何一个故事、任何一件物件。它们是历史，也是现在。

郑州，这片从黄河母亲孕育的灿烂的文明先后培育了众多著名人物。他们在历史的洪流中熠熠生辉，他们的出现对中国历史的发展走向产生了深远又重大的影响。主张"君臣之道"的法家代表人物韩非、"燕雀安知鸿鹄之志"的秦末农民起义军领袖陈胜、忧国忧民的唐代诗圣杜甫、谱写下《长恨歌》的唐代诗人白居易、开启宋代古文运动之先河的文学家梁周翰、编写了中国第一本详细论述建筑工程做法的著作《营造法式》的北宋建筑学家李诫等，这些人惊艳了世人，也惊艳了岁月。

作为中原旅游城市中的一颗耀眼明珠，郑州把古都的精粹与现代的繁华巧妙地融合在一起。古老在现代中绵延，现代中携着古都的精髓向前。每到旅游旺季，大大小小的节庆演艺活动持续不断、精彩纷呈，让慕名前来的游客流连忘返，不虚此行。不仅如此，少林武术节聚集了全球武林英豪，他们齐聚郑州，共同切磋武术；黄帝故里拜祖大典，磅礴大气的上古文化吸引全球华人的瞩目；《禅宗少林·音乐大典》实景演出以动人心魄的旋律和行云流水的武艺向世人展示"山石为乐器、流水为琴弦"的美妙视听盛宴，气势恢宏。是历史，是包容万物苍生的"帝王之城"；是现在，是兼容并收的现代化都市。

从古代的"帝王之城"到如今急速发展的国家中心城市，郑州以独有的历史人文、山川河流、城市建筑、地域习俗向前迈进着。这里有太多的故事等待我们去了解、去记录、去传承。这里的一山一水、一城一院都是独特的风景，从静态到动态的探索中，有老郑州的传统，也有新郑州的精神。

《带着文化游名城——老郑州记忆》作为我们旅行中最好的陪伴者，带领我们领略历史的厚重、了解城市的习俗、感受民众的热情、体验美食带来的满足，在这座城里留下愉快的体验和温暖的记忆。

目　录

开篇

郑州的历史与城门楼

郑州的城门楼

⌬ 郑州的街桥与地名 ⌬

郑州的街桥

郑州的地名

郑州的民俗与节日

郑州的节日习俗

郑州的老建筑

郑州的老建筑

郑州的人文与自然景观

郑州的人文景观

郑州的自然风光

郑州的美食与特产

郑州的美食

郑州的特产

郑州的名人故居与民间趣闻

郑州的名人故居

郑州的博物馆

郑州博物馆

带着文化游名城

老郑州记忆

8

附 录

开 篇

出行前的准备

提到郑州，你最先想到的是什么，又是什么吸引你前来，是它作为中华文明的发源地所承载的千年文明吗？是它在时代的推动下洗尽铅华孕育出的繁华气象吗？或是它起源于北宋流传至今的夜市特色小吃吗？不管是什么原因，这片中原最美的腹地确实值得一来。

走进郑州，你可以不疾不徐地感受这里的风土人情。你会发现，这片旧时帝王争霸的城池蕴藏着太多的惊喜。历史悠久的灿烂文化兼容了新时代丰富的旅游资源，闪耀着熠熠生辉的光芒。我们可以从轩辕黄帝故里、裴李岗文化遗址、大河村遗址、商城遗址等著名景点探寻它8000多年的文明史；也可以从黄河游览区、大河村遗址感受华夏子孙独有的黄河文化；还能从少林寺、嵩山国家森林公园体验中原壮丽辽阔的山河版图；更能从横跨5000多米的郑州黄河大桥上得知如今的郑州在奔跑、在腾飞。从这些城市名片中你不难理解，为什么古代帝王钟情于此建立王朝，你也不会惊叹郑州日新月异的容颜。

郑州的历史

郑州位于秦岭东段余脉，居黄河下游。这座总面积约7446平方千米的中原特大城市，凭借优越的地理位置、得天独厚的自然风光、厚重的文化底蕴承载了一段又一段的历史。

郑州，远在上古时代只是属于豫州领域的小城。到了奴隶制时代，西周武王的弟叔鲜在今郑州市管城区建立管国，除管国外，还有邶国、东虢国、祭国、密国等。西周灭亡后，诸侯兴起、各家互争的局面使得新郑（今归郑州市直接管辖的县级市）在"乱世"中作为一个重要都邑而兴起，并开始成为郑州地区的政治中心。春秋初年，郑国、韩国先后在诸侯中称霸，立国都于新郑，直到公元前230年秦国灭韩国，新郑作为国都长达500多年的历史结束。

魏晋南北朝时期以及之后的200多年间，郑州地区先后为赵、冉魏、前燕、前秦、后秦、北魏、东魏、北齐、北周辖地。这种长期分裂割据的局面，随着公元581年隋文帝杨坚建立隋朝而结束。开皇三年（583年），隋文帝实行州县两级制，将荥州改名为郑州，郑州作为州一级行政区名称，开始用于今郑州地区。

公元960年，北宋建立后定都东京开封府，郑州属京畿路被定为辅郡。此后，郑州作为宋代四辅郡之一，处于重要的地位，"西辅"也一度成为郑州的别称。朱元璋建立明朝后，对全国地方建制进行改革，实行省、府（直隶州）、县三级制，郑州同时领有荥阳、荥泽、河阴、汜水四县，但却是县级。到了清朝，郑州在雍正年间两次升为直隶州。

民国十一年（1922年），国民政府定都南京后，在全国废除道一级行政建制，实行省县两级制，郑州及郑县直属河南省管辖。公元1928年，河南省国民政府在郑县城区置郑州市。民国二十年（1931年），撤销郑州市，仍为郑县。1948年郑县分为郑州市和郑县，直属河南省领导。

中华人民共和国成立后，于1953年撤销郑县，其辖区划归为郑州市及新郑、中牟二县。1954年10月，河南省人民政府由开封迁往郑州，郑州市从此成为河南省省会。

郑州的特色

作为一个旅游城市，每个城市都有它不可替代的荣耀。这份荣耀，或许来自得天独厚的自然资源，或许来自源远流长的文化遗迹，或许来自民众在自由斗争中的一往无前，或许来自新时代建设者的集体智慧。那么，在郑州，所谓的城市之光是什么？

无论你是古文化的爱好者，还是热衷自然风光的旅游达人，抑或是喜欢走街串巷探寻美食的吃货，这一切，在郑州，统统满足你。除此之外，当地习俗、戏曲剧种、方言俚语也是趣味横生，值得了解。

郑州的美食符号

俗话说得好：民以食为天。在两千多年的劳动和生活中，郑州人民创造了许多令人垂涎三尺的美食。随着历史的积淀，这些美食不仅成为郑州人民生活中密不可分的一部分，更成为郑州的形象符号。如果去郑州的话，你一定要尝尝当地有名的小吃，这样才算不白来一趟。

◎ 胡辣汤

说起胡辣汤，估计每个河南人都有一箩筐的话。早上喝，中午喝，现在还有24小时售卖的。那么这些大大小小开满街头的胡辣汤，到底哪一碗才是最正宗的味道？就像一千个读者心中有一千个哈姆雷特一样，每一个河南人各有各的心头爱，因为胡辣汤绝对不是表面看起来那么简单，也不是简简单单用粉芡和调料就能勾兑出来的。

胡辣汤有牛羊肉之分，汤中只有牛肉（羊肉）、粉条、面筋、黄花菜等。汤汁散落在黄花菜中，疏密有度，黏而不稠；粉条是软滑的，但滑而不散，入口即化。汤的主要口味是酸和辣，汤里滚出来的酸味可以入到肺和肝里，辣味从胡椒中散发出来，清香而渐进，透着一股辛味。喝一碗下肚，只觉得一股暖流从胸腔疏散到每个毛孔，出一身热汗也是畅快淋漓。

从目前可以找到的资料来看，胡辣汤由汉代胡辣羹演化而来的说法比较确切。张骞出使西域后，胡人的各种原料慢慢被带回中原大地，其中就有胡椒这种调料。胡椒和生姜、花椒相比有着更浓烈的芳香和辛辣，在调羹时能够起去腥膻、提鲜香的作用，同时还可以下气、消痰、解毒，一时间受到王公贵族的追捧。由于这种辛辣来自胡椒，因此被称为"胡辣"，而这种胡辣味的羹就称作"胡辣羹"，并慢慢出现在老百姓的餐桌上，演变成今天的胡辣汤。

◎ 郑州烩面

外地人来到郑州，首先想到的便是尝一尝地道的烩面，本地人招呼亲戚朋友的保留菜式也是香浓的烩面。大大小小的烩面馆开满郑州的大街小巷，虽然不起眼但又不能少，就像你身边的家人一样。

烩面的面是用优质高筋小麦粉，兑以适量盐、碱用温开水和成比饺子面还软的面团，反复揉搓，使其筋韧，放置一段时间后再擀成四指宽、20厘米长的面片，同时抹上植物油，一片片码好，用塑料纸覆上备用。汤是用上等嫩羊肉、露出中间骨髓的羊骨一起煮五个小时以上，先用大火猛滚再用小火煲，其间下七八味中药，骨头油都熬出来了，煲出来的汤自然白白亮亮，犹如牛乳一样，所以又叫白汤。辅料有海带丝、豆腐丝、粉条、香菜、鹌鹑蛋、海参、鱿鱼等，上桌时再外带香菜、辣椒油、糖蒜等小碟。

◎ 葛记焖饼

葛记焖饼这道曾获得过"郑州名小吃"称号的美食，是用饼牙和特制的坛子肉加青菜焖制而成的。也是"京都老字号"葛记坛子肉焖饼馆独家经营的一种风味食品。

尝过这道菜的人们都对它赞赏有加。饼子是用软面先烙成千层饼放凉，然后再切成帘子棍形状备用；坛子肉选用带皮五花猪肉，每一块都

要切成两厘米的方块，先放入锅内加水煮开，撇去浮沫杂质，捞出肉块装入坛内，下足八种香料，外加香腐乳，倒入肉汤封口，最后用大火烧开，改用文火慢炖，煨至烂熟。据说开坛时肉香四溢，过往行人闻到香味纷纷停下脚步不愿离开，素有"开坛香"之美称。

饼子和坛子肉都做好后，就可以一起焖了。焖饼时，锅内用青菜铺底，放上饼条和坛子肉，加高汤稍焖几分钟就可以了。这道菜肉块香烂醇厚，肥而不腻，饼子柔软适口，老少皆宜。焖饼时配菜除用豆芽外，更多是用四季鲜菜，如蒜薹、小白菜、四季梅、茭白等。焖饼用的汤，除猪肉汤外，还用鸡汤、鸭骨汤等。

◎ 不翻汤

"不翻"就是用小勺舀些鸡蛋豆糊面往平底锅里一倒，跟煎饼馃子的手法一样摊成一张薄片，不用翻个儿就熟，所以叫"不翻"。

不翻汤就是将两张晶莹翠绿的不翻饼叠着放进碗里，舀些滚烫的骨头汤浇在上面，骨头汤里有粉条、黄花菜、海带、韭菜、虾皮、肉、油炸豆腐丝、鸭血、紫菜等，看起来疏密有度，黏而不稠。汤喝着有点像素胡辣汤的味道，又比胡辣汤多了一股子肉汤的厚重绵长，再加上汤中清香而渐进的胡椒的辛味，绝对是一款既低调奢华又实在有料的好汤。

值得一说的是，除了顺着各种旅游攻略特意找来的外地游客来吃外，赶在饭点儿，还总见本地人拿着锅、盆等来这里端汤。于是每逢外地人和本地人一起扎堆舀汤的高峰，当地人操着一口家乡话互聊家常，外地人带着好奇的味蕾前来一探究竟，这里充满了朴实的生活气息，吃饭也变得有仪式感了。

郑州的文化符号

郑州是我国的八大古都之一，几千年的历史沿革，为郑州积淀了深厚的文化底蕴。如今，在高度现代化的郑州，不只有高楼林立，更有以豫剧、少林功夫和黄帝故里等为代表的文化遗产。这些独具特色的地方文化作为郑州的文化符号，向我们展示了这座老城厚重而古朴的文化底蕴。

◎ **豫剧**

明朝中后期，河南一带的人们在茶余饭后或者节日庆典时喜欢唱时尚小令（民歌、小调）来娱乐，豫剧就是在时尚小令的基础上，吸收北曲弦索、秦腔、蒲州梆子等演唱形式后发展而成的新剧种。最早以清唱为主，后来就在舞台上放一张桌子两把椅子，即可开演。

豫剧的演唱方式质朴通俗、极具口语化、紧贴老百姓的生活；同时节奏鲜明强烈，故事情节有头有尾，人物角色鲜明的性格和强大的情感力度很容易让观众记住。但是，这种雅俗共赏的艺术起源已经很难考证。

◎ **少林功夫**

少林功夫作为我国传统武术的一个重要组成部分，内容丰富、套路繁多。少林功夫体系中以棍术最为著名。明代，少林棍法已闻名于世，戚继光、郑若曾、程宗猷等人均给以极高的评价。去少林寺游览能够看到让你拍案叫绝的少林武术表演。

少林寺

郑州最佳的旅游季节

郑州市属于北温带大陆性季风气候，冷暖适中、四季分明。春秋两季天高气爽，景色宜人，为旅游最佳季节。这个时候前往自然风光俊美的黄河游览区、郑州森林公园游玩都是不错的选择，还可以到其所属的登封市嵩山少林，因为雨量增多嵩山中会有瀑布、溪流，景色会更加优美。无论是在城区参观河南博物馆、驱车行驶在黄河铁路大桥上，还是在街头巷尾吃吃喝喝，都十分惬意。

来郑州需要了解的方言

郑州方言也叫作郑开片，属于中原官话。这种方言起源于20世纪50年代末期，接近普通话，比较容易听懂和交流。郑州方言通常指郑州城区的口音方言，不包含郑州郊县的方言。郑州方言属于北方方言，主要流行在河南及河南周边地区。由于河南人口众多，历来的战争、运动、经济活动和其他原因，人口的流动性使得全国其他地区也有以河南话为主的群体。

郑州话虽然是河南话的新兴方言，但其方言始终带有河南话特色，较常见的郑州方言有：

中——意为"行"

怼——万能动词

咋着——意为"怎么办"

弄啥嘞——意为"干什么呢"

带劲儿——意为"不错""很好"

拜碰/着我——意为"别动我"

管不管——意为"行不行""可不可以"

郑州的历史与城门楼

　　郑州是一座年轻又厚重的城市。今日的郑州高楼林立，是一座现代化的大都市，于是有些人开始怀疑郑州能否称得上是座古城。然而，当穿越历史的云烟，翻开史书长卷，每个人都会惊奇地发现，郑州的故事如烟波浩渺。老城市，自然有老城门楼。比起文人墨客的记录，那一座座砖石砌就的城墙台阶，正静静地讲述着昔日那些动人的故事。

郑州的历史文化

历史上的"郑州"是怎样发展的

首位在郑州建政权的人叫商汤,他统领着夏朝一个名为"商"的部落。"商"的祖先曾经跟随夏禹治水有功被赐了这个姓氏,"商"部落也因此成为夏朝的属国之一。

夏的第十七代君主"桀",喜好施行暴政,引起了人民的不满。"商"部落的人们开始谋划取代夏桀的统治。

夏桀有所觉察,他抢先囚禁了商汤。商汤买通夏桀的手下替他说情,夏桀竟然释放了他。于是商汤带领部落民众推翻了夏桀的统治,建都于现在的郑州商城。

为了巩固商王朝的统治,商汤体恤民众,加固城池,划分出工商农专门的经营区。一时间,都城经济繁荣,随处可见制陶作坊、铸铜

郑州商代遗址

作坊、玉器作坊、制骨作坊等。如今我们在郑州市东部所见的"凤凰台"，西侧的"沙口路"，南方的"二里岗"，北边的"花园路"，均属于当年商代的国都领域。

商汤的子孙延续了统治，据统计，商至少经历了八名继任者。统治者们的起居日渐奢华，屋里摆着象牙梳，殿内安设着青釉瓷尊和价值连城的夔龙纹金箔。如此的奢侈自然为后来者所反抗，此外郑州城也时常遭受黄河水的威胁，于是商汤的后代迁都于郑州西北郊、荥阳北敖山以南，数年后再迁至安阳。

而这座遗留的城池，被之后的统治者沿用。周武王灭商后，派了叔鲜来郑州，并为其册封了"管"国的领地。此外，武王还在郑州周边的密县、巩县、荥阳等地，设立了诸多小国。

到了魏晋南北朝，郑州地区时有战乱侵袭，后赵、北周、北齐等诸多政权"你方唱罢我登场"，荥阳地区的经济逐渐衰退。于是至隋代时，"荥州"被更为"郑州"。

之后的朝代变迁中，郑州的命运多舛。王世充篡隋，占领洛阳号为"郑"国，让郑州管治虎牢地区。而到了唐贞观时期，李世民登基之后立即废掉管州，将管城县交给郑州统辖。在这一时期，郑州遭受到不少战火的侵扰。

明代崇祯十二年（1639年），朝廷派遣知州鲁世任管理郑州地区。为了抵御"流寇"，鲁世任将土城墙改用砖砌，后来还是被农民起义军拆毁。明亡后，郑州城已经相当破败了。

清代顺治时期，知州张肇升向朝廷申请了不少拨款，想大力恢复郑州城的样貌。但直到乾隆皇帝即位，才为郑州拨付千两黄金修葺城墙。

《河南通志卷三》载，清代的郑县已然"绿树参差、民房鳞次栉比"。郑县所出的货米硝碱，远销至东南方向的周家口（今周口）。

郑州六大市辖区名称是如何得来的

作为文化古城，郑州有6个市辖区：中原区、二七区、金水区、惠济区、上街区和管城回族区。每个区域名称的背后都有一段故事。

◎ 管城区

距今约3500年以前，管城回族区是商的都城"亳"。其作用和地位相当于今天的北京，享尽了风华和荣耀。周武王姬发掌权之初，封其胞弟管叔鲜于"管"，就是一个附属国。后来周公摄政，管叔鲜在叛乱中遭到杀害，封地也沦为废墟，而"管"的称呼却一直延续到今天。

◎ 二七区

二七区之名的由来，与历史上著名的京汉铁路工人大罢工有关。

1923年2月7日，在直系军阀首领吴佩孚的授意下，时任湖北督军的萧耀南以"调解工潮"为由，诱骗工会代表前往江岸工会会所进行商谈。途中，赤手空拳的工会代表遭到了突袭，有30余人当场被害、200多人受伤，这就是震惊世界的二七惨案。京汉铁路工人大罢工虽然失败，但它展示了中国工人的力量，是中国共产党领导的第一次工人运动高潮的顶点。郑州城区的二七广场、二七纪念塔均来源于此。

◎ 中原区

中华人民共和国成立后的郑州市，取消了过去的保、甲、镇等旧组织形式。1948年10月，郑州市正式成立了第一、二、三区。一区就是现在的管城回族区，二区为如今的二七区，三区即为当下的中原区。

◎ 上街区

上街区名称的由来，源于一个村镇——上街村。

周朝时期，这里在整个东虢国里相当有名气。据传虢太子曾病痛缠身、性命堪忧，名医扁鹊在此处神奇般地治好了虢太子。虢太子特造卢医庙感激神医妙手回春。

自那时起，卢医庙在每年的农历四月和十月，都会有八方来客进行药材的交流切磋。时间一长，卢医庙周边就形成了全国有名的药材市场。

地势较低的汜水县城多次遭水淹没，因此在历史上曾三迁于稍高处的卢医庙街市区域。人们在两地上上下下，便把卢医庙的街市叫作"上街"，后来这里形成了上街村。

◎ 金水区

金水区这个美丽的名字，源于流经该区的金水河。

作为中国最古老的河流，金水河的得名，与古代名相子产相关。春秋年间，郑国执政的子产远近闻名。他以德服人、励精图治，让人民得到了切实的好处。子产离世后，百姓悲恸不已，纷纷拿家中的金银首饰去哀悼子产，子产的家人不肯收下，于是百姓们把这些金银首饰投到河中，这条河也因为珠宝的绚丽光芒泛起金色的涟漪，从此得名金水河。

◎ 惠济区

此处以前叫作邙山区，2004年5月更名为惠济区。惠济桥村以及惠济长桥遗址就坐落在此区。惠济之名，出自"聚八方之恩泽，平等互惠；揽四海之贤才，和衷共济"的美好愿望。

过去的惠济镇曾经是荥泽县的一部分，直到1953年成为郑州市郊的一个区域。

隋朝时期，流经此处的广济渠之上，架着一座三孔石桥——惠济桥，由于交通便利，自然形成惠济镇。

唐朝时期，郑州的著名诗人有哪些

在春秋时期，郑国的音乐文化曾经引领风尚。《诗经》三百篇，就有

35首出自郑州。在诗歌大繁荣的唐代，郑州地区更是不乏文坛巨匠。

◎ 刘禹锡

刘禹锡的祖籍在洛阳，其曾祖父一代迁至郑州荥阳。他跟白居易交好，被称为"诗豪"。刘禹锡的《陋室铭》和《竹枝词》均脍炙人口。离世后其遗体葬在荥阳，圆了故乡梦。

◎ 白居易

白居易生在郑州新郑，被称作"诗魔"。12岁那年，白居易一家为了躲避战乱，搬迁至符离。白居易的盛名远播东亚、东南亚地区，给日本文坛带来了巨大的影响。白居易最为脍炙人口的名作有《长恨歌》及《琵琶行》。公元846年，白居易在生命垂危之际怀念故乡新郑，写就《醉吟先生墓志铭》，其中有"大历七年正月二十日，生于郑州新郑县东郭宅"的诗句。

白居易

◎ 杜甫

杜甫出生于河南巩义，是中国文学史上最伟大的现实主义诗人，位列世界文化名人之中。古今风流才子无数，唯有杜甫被誉为"诗圣"，他的诗作被尊称"诗史"。

◎ 郑虔

盛唐高士郑虔，为郑州荥阳人氏。唐天宝年间，郑虔担任了一个叫作宫协律郎的职务。他广搜当代史事，颇多著述。郑虔在书、画、诗方面均有造诣，对天文、地理、医药、军事和音律也十分精通，是一位广受称扬的"通儒"。

◎ 胡令能

胡令能的家乡在郑州中牟县，后至郑东圃田一带隐居。圃田也是列子的故乡，胡令能对列子推崇并模仿，努力培养自己的道家风骨——与其追逐仕途功名，不如逍遥于世。他的诗作《小儿垂钓》脍炙人口，妇孺皆知。

◎ 李益

李益，原籍甘肃，后移居至河南郑州。他的边塞诗闻名四方，以绝句见长，尤善作七绝。李益跟霍小玉的爱情令后世无数文人墨客唏嘘。他跟霍小玉原本郎情妾意，但遭到李益的双亲阻拦，强迫李益另娶他人。唐人蒋防在这段爱情悲剧的基础上，作《霍小玉传》传于后世。

◎ 李商隐

著名的晚唐诗人李商隐，出生在郑州荥阳。他的诗歌缠绵悱恻，情诗意蕴深远。

你知道哪些与郑州有关的成语

郑州的每一块城砖背后，都有岁月留下的故事。今天我们言语中使用的那些脍炙人口的成语，也都能找到郑州的影子。

如临大敌：形容把情况看得很严重。

▶ 出处：《旧唐书·郑畋传》

唐朝宰相郑畋的家乡在河南荥阳。广明年间，黄巢率领起义军下淮南，郑畋担任凤翔陇右节度使一职。黄巢的军队攻下了长安，郑畋命令军队修甲兵，筑城垒，还把自己的私财分发给守城的官兵，昼夜不息，如临

如临大敌

大敌。在其不懈苦战下，黄巢起义军终于撤离了长安。

望尘莫及：望见前面骑马的人走过扬起的尘土而不能赶上。比喻远远落在后面。

▶ 出处：《后汉书·赵咨传》

东汉年间，赵咨被任命为东海相。他在赴任时途经荥阳。荥阳令曹暠与赵咨是旧识，为了迎接赵咨，曹暠亲自到路口等他。然而，赵咨在车上看到等候的曹暠，根本不下车和他说话。曹暠本想把赵咨送出城外，没想到赵咨坐的车越来越快，不一会儿就绝尘而去。

困兽犹斗：比喻身处绝境中仍要挣扎抵抗。

▶ 出处：《左传·宣公十二年》

晋楚两国曾经发生过激烈的大战，以晋军失败告终。时任晋军统帅的荀林父懊恼万分，带领残兵败将们回到晋国请罪。晋景公气愤不已，将荀林父削去官职，准备把他处死。士大夫贞子劝谏道："晋国在城濮之战中取得胜利，但晋文公仍旧郁郁寡欢，说楚国名相得臣尚在，让他无法安心享受战果。野兽遭到囚禁还做出最终的挣扎，何况是辅相。楚成王为了自保，居然下令得臣自杀，晋文公才恢复笑容。得臣之死，使得晋国又一次胜利，楚国损失更惨重。如果处死荀林父，是我们的又一大损失。"晋景公恍然大悟，将荀林父恢复原职。

齐大非偶：指辞婚者表示自己门第或势位卑微，不敢高攀。

▶ 出处：典出左丘明《左传·桓公六年》

春秋时期，齐僖公对郑国太子忽颇有好感，有意把自己的千金文姜嫁于太子忽，而太子忽不情愿。别人劝他，齐国地大物博，跟强国的公主成家，以后会对自己大有助益。太子忽却坚持己见，说每个人各自有合适的良人，齐国是大国，齐国公主不是我的配偶。

之后北戎部落进犯齐国，齐国求救于郑国，太子忽率军抵御了北戎的侵略。齐僖公又派手下来求亲，太子忽坚决拒绝。有人问其缘由，太子忽说："过去没有援救齐国，我也没有跟他们结亲。如今是奉父王之命解救齐国，如果答应亲事，岂不是用将士们的性命换取妻子？百姓们该如何看待我？"

决一雌雄：谓比高低定胜负。

▶出处：典出《史记·项羽本纪》

项羽、刘邦二虎相争，两军在郑州荥阳一带隔涧对峙，迟迟分不出胜负。长期作战使青壮年疲于军旅生活，老幼不堪后勤运输的重负。项羽对刘邦讲："打了这么多年，天下人苦不堪言。不如我们一对一决战胜负，不要让百姓们跟着煎熬了。"

买椟还珠：比喻舍本逐末。

▶出处：典出《韩非子·外储说左上》

楚国有个珠宝商，来到郑国卖珍珠。这个楚国人十分珍视这颗珍珠，特意为它配了一个精致的盒子。楚国人刚刚把盒子摆出来，便吸引了一名郑国人，他当即买了下来。然而出乎意料的是，郑国人把珍珠拿出来还给楚国人，只买走了盒子。"买椟还珠"的成语即出于此。

月季花缘何成为郑州市市花

我国中原地区是月季花最初的发祥地，史料记载，汉代已经有人种植培养月季花。月季花属于木本花卉，跟玫瑰花和蔷薇花同样属于蔷薇属。人们根据三种花的不同特点，把单生类、花朵大的那一类叫作月季花，丛生、花朵小的叫作蔷薇花，香气浓郁、刺密集的叫作玫瑰花。

月季花气质优雅，花型艳丽，素有"花中皇后"的美誉。郑州市园林主管部门在1982年向郑州市政府发出了《关于选择月季花为郑州市市花的建议》。建议书里对选择月季作为市花提出了充分的理由：月季花漂亮且广受欢迎；开放时花期长，是绿化环境的理想植物；月季花适应性较强，栽培相对容易；月季花本身颇有市场；在种植方面园林工作者经验丰富；月季花在国际上具有一定地位。一年后，月季花正式成为郑州市市花，使得月季花一夜爆红。郑州还在每年的五一国际劳动节前后，面向广大市民和外地游客，在各大公园举行月季花花展。

月季

月季花雍容华贵，上得了厅堂；随遇而安，受得住风霜。郑州的土壤条件和气候条件，也非常适合月季花的生长。如今郑州各大公园里的月季花，品种超过800个，其中更有400余株花龄超过50年的月季花，引得各地游人驻足欣赏和称赞。

洛阳、开封都是古都，为何郑州成了省会

首先说开封，自从元代时期中央设置了河南行省，直至1954年10月，开封在这一时期都是河南省会城市。元朝以前，尤其是北宋初年，当时的开封作为北宋首都，享尽尊崇。都城人民摩肩接踵，经济贸易一派繁荣，这些因素使得开封成为世界名都。

其次说洛阳，1923年，省会的名称由开封改为洛阳。洛阳在中国古代历史上享有颇高的地位，它是十三个朝代的古都，包括汉朝、隋朝这样经济强盛、国祚绵长的王朝。1954年10月，郑州成了河南省的省会。

郑州缘何成为河南省省会？人们众说纷纭。但不得不肯定的是，相

对于洛阳、开封等名都，郑州也是具备成为省会城市实力的，它也是中国历史上的一座古都。远至夏、商时期，郑州就作为一国之都。例如人们所说的"禹都阳城"，其中的阳城就位于现在的郑州市境内。

郑州除了拥有作为古都的文化自信，它的交通地位也令人瞩目。20世纪初，平汉铁路以及陇海线得以贯通，郑州作为两条铁路的交会处，发展成为华北地区一座发达的都市。洛阳、开封的交通地位略逊于郑州市，这也为郑州成为省会城市增加了筹码。

河南省省会由开封转移至郑州，还有一个原因是专家称开封毗邻黄河，土质比较松软，恐影响高层建筑的建造。另外，有人认为洛阳、开封的文物古迹众多，从保护文物的角度来看，省会转移至郑州也是有缘由的。

郑州为什么会被称为"商城"

郑州又被称为"商城"，但这个商城却又略区别于我们所说的"商场"的意思。关于"商城"别称的由来一共有两种说法。

第一种，因为郑州是商朝的古都，所以被称为"商城"。这种说法有一定的历史缘由。1939年我国的考古人员就从安阳市出土了世界上最早

的青铜鼎——商后母戊鼎。根据相关研究人员研究发现，该鼎是商王武丁的儿子为祭祀母亲而铸造的，也是世界上现存最大的鼎。考古人员根据研究发现，这个地方正是商朝前期的古都位置。简单来说，以郑州的

商朝旧址

二里岗为中心，辉县的琉璃阁、洛阳的东干沟等殷商时期的遗址就是郑州和这两地的交界处，而郑州作为商朝古都，拥有大量的商朝旧都遗址，具有很高的考古价值和观赏价值。因着这段历史，老郑州人又把它称作"商城"。

第二种，因为这里的商业比较发达。近代郑州商业的发展离不开铁路的修建。1906年，时任两广总督的张之洞奏请清政府，终于开通了从卢沟桥到汉口的卢汉铁路。这条贯穿南北的铁路途经郑州，郑州成为重要的中转站。随着铁路的开通，郑州以及周边地区的商家和投资者纷纷来到铁路附近寻找商机。渐渐地这附近的商铺、饭店、货物转运行等多了起来。随着郑州的批发行业和运输等行业发展得越来越好，这里便被称为"商业之城"，简称"商城"。

中华人民共和国成立后，郑州交通更加便捷，而它的商业也得到了长足的发展，"商城"这个名字也就顺应时代的发展保留了下来。

郑州的最强氏族是郑氏吗

根据史料记载，公元495年，北魏孝文帝入主中原后的第一次选妃就有诏令"以范阳卢敏、清河崔宗伯、荥阳郑羲、太原王琼四姓，衣冠所推，咸纳其女以充后宫"，后又指定六个兄弟元禧聘陇西李辅女、元干聘代郡穆明安女、元羽聘荥阳郑平城女、元雍聘范阳卢神宝女、元勰聘陇西李冲女、元祥聘荥阳郑懿女，原来的正妃降为侧室。从孝文帝对于这

些世家贵女的看重，我们不难看出这几大家族在当时的地位。

现在我们提到的就是与博陵崔氏、陇西李氏、赵郡李氏、范阳卢氏、清河崔氏、太原王氏并称为五姓七家的北方贵族——位于郑州地区的荥阳郑氏。

郑氏

荥阳郑氏的历史可以追溯到周宣王分封时期的郑国，虽然后来郑氏王室被灭，但是郑氏仍然留在故地荥阳，并以其为郡望。荥阳郑氏的兴起要从东汉末年说起，当时的郑氏嫡脉也就是郑浑、郑泰等人入仕并在朝堂上大放异彩作为开始，后逐渐形成郑州当地的高门望族。

入唐之后，荥阳郑氏仍是世家大族。唐初因为唐玄宗的尚武情结，郑氏慢慢地退出了当时的势力范围，但因为有着深厚的世家底蕴，郑氏在后来的科举考试中异军突起，出了八个状元、十一个宰相、数十位进士。大唐盛世，郑姓进入第二个重要发展时期，尤其是在中国北方的荥阳郑氏已经发展到了鼎盛阶段。这个时期的郑姓自恃望族，甚至不会与除五姓七家之外的人通婚。唐后期，郑氏受改革后的科举制度的影响，逐渐衰落，但仍为天下郑氏中最为显赫的一支。"天下郑氏出荥阳"，直到现在，荥阳郑氏的身影仍活跃在各大行业的佼佼者中。

郑州惯出帅哥美女吗

2500年前的《诗经·郑风·出其东门》曰："出其东门，有女如云。"古代的郑州是个惯出美女和帅哥的地方。古代的郑州城东是长、宽数十里的圃田泽，城西是人文底蕴深厚的郑氏故居荥泽，这里地跨四渚之中的三渚，北边有黄河和济水，城内还有数条流入淮河的河流，这样好的山水条件，这样的人杰地灵，自然是盛产帅哥美女的地方。

◎ 蔡文姬

蔡文姬，又名昭姬，是郑州城东不远处的开封杞县人。蔡文姬是东汉大文学家蔡邕的女儿，才貌双全，被称为东汉末年的十大美女之一。因其从小受到父亲的教导，她同时擅长文学、音乐、书法。

蔡文姬

◎ 夏姬

"杀三夫一君一子，而亡一国两卿矣"，这是后世对夏姬的评价。夏姬是春秋时代的绝色美女，是郑穆公的女儿。郑都于新郑，也就是今天的河南新郑市。夏姬是个不折不扣的大美人，对于夏姬的美貌，《列女传》上有着隐晦的表述："其状美好无匹，内挟伎术，盖老而复壮者。"

◎ 潘安

潘安又名潘岳，是西晋时期的郑州人，祖籍郑州中牟大潘庄。对于潘安的美貌，更多的是从一些诗句和典故中得知的。"掷果盈车""貌似潘安、才如子建""才比宋玉，貌似潘安"这样的词语全用来形容一个人的美貌。潘安突出的并不仅仅是美貌，他的才华也相当出众。他12岁开始行文作诗，20岁写出了著名的《藉田赋》，一生中创作诗赋无数，称得上是西晋时期顶尖的文学家。

郑州的少林寺还在吗

天下武林出中国，少林功夫已经成为中国的一个文化符号。但是你知道吗，号称"天下第一名刹"的少林寺就坐落在郑州市登封市的嵩山脚下，这里是少林发源地。

"天下功夫出少林，少林功夫甲天下。"如今的少林功夫在世界上占有一席之地，但是少林寺的兴建一开始并不是为了学习和传承少林功夫。少林寺始建于北魏太和十九年（495年），是当时的北魏孝文帝为了安置他所敬仰的印度高僧跋陀尊者，在与都城洛阳相望的嵩山少室山北麓为其修建的落身之所，但随着僧众越来越多，这里慢慢变成了颇负盛名的佛教圣地。

隋文帝时期，因为当时的隋文帝，对于当时已经盛极一时的少林寺颇有好感，按大臣赏赐的规格赐给少林寺土地一百顷，再加上其他的金银赏赐，少林寺一跃成为隋唐时期唯一拥有百顷良田和庞大寺产的寺院。

唐朝建立之初，因为少林寺的十三和尚在唐军入主中原之时给予了很大的帮助，受到唐太宗李世民的封赏，赐田千顷，水碾一具，并赐予少林僧人"僧兵"的称号，从此，少林寺名扬天下，被誉为天下第一名刹。

嘉靖时期，日本倭寇袭扰中国沿海，少林僧侣再次为国出战，在抗倭战役中立下汗马功劳，政府为了奖励僧侣允诺大规模修整寺院，并给予少林寺独有的免除粮差等特权。此后，身怀绝技的少林僧侣多次在民族危难之时被明朝政府征用，参与战事，并屡建奇功。为此，朝廷多次为少林寺树碑、立坊、修殿来表彰少林寺做出的贡献。少林功夫在中国武术界的权威地位也从此得以确立。

随着中国少林功夫越走越远，少林寺也成了郑州地标性的建筑，成为郑州人心中最热血的存在。

郑州商业发展的历史

郑州是中国著名的商业集散中心。它的商业发展距今已有上千年的历史，也正是因为郑州发达的商业才会让郑州在众多的文化古城中毫不逊色。

郑州商业街

说到郑州的商业发展，就不得不提到隋唐大运河。隋炀帝时期开凿了当时世界上最大的人工河。重要的是这条从京都洛阳通往武汉的大运河在如今的河南商丘境内穿过，长约200千米。其中必不可少的就是从如今的河南商丘穿境而过的通济渠。在通济渠的带动下，创造了商业繁荣一时的郑州。"大业年中炀天子，种柳成行夹流水。西至黄河东至淮，绿阴一千三百里。大业末年春暮月，柳色如烟絮如雪。"这是唐朝诗人白居易在《隋堤柳》中描写的当时隋炀帝南巡途经通济渠的场景。

虽然现在我们已经很难看到当时繁荣的景象，但是从先人的诗作中也可窥得一丝这里的热闹场景。杜甫曾在《遣怀》诗中写道："昔我游宋中，惟梁孝王都。名今陈留亚，剧则贝魏俱。邑中九万家，高栋照通衢。舟车半天下，主客多欢娱。"李白也在《梁园吟》中写道："舞影歌声散绿池，空馀汴水东流海。"店铺林立，瓷器集中堆积在码头，南来北往的商船也在此停泊，货物在此集散，当时的郑州显然已经成为主要的红极一时的商业中心。但是后来隋唐大运河被淤泥阻塞，河道被弃用，郑州的商业也沉寂了下来。

都说厚积才能薄发，郑州的商人在等待了很久之后终于迎来一次新的发展机会。随着工业革命的浪潮席卷全球，郑州也因为一项新的交通工具——铁路而带来新的发展机遇。在时任两广总督张之洞的积极促成之下，平汉铁路和陇海铁路修筑并在郑州交会。正是这两条铁路的开通，带动郑州商业的再次发展。因为铁路强大的运输能力，郑州的中转功能充分发挥，形成近代的第一个商埠——德化街。郑州铁路在某种意义上不仅是郑州的交通工具，它还是整个郑州近代发展的见证者和促成者。

火车站的建成，带动了郑州一条条商业街陆续发展，各行各业迎来发展的新时机。但这还没有达到郑州商业的顶峰。

1955年，郑州百货大楼以1900平方米的雄伟姿态在郑州的集中化经营中独占鳌头。之后的计划经济时代它没有消失，甚至以极其强大的商品供给最大限度地丰富了当时的郑州商品市场。

　　20世纪90年代初期，随着改革开放的春风刮遍中国大地，亚细亚百货在郑州横空出世。这家商城一经面世就因为新潮的营运模式吸引了无数的消费者，在它开业第一天便迎来10万人次的消费者。此后郑州的商业一直保持繁荣的态势。

郑州的城门楼

郑州最后的古城寨是哪座

保吉寨位于郑州西郊，被称为"郑州最后的土城寨"。保吉寨坐北朝南，环境幽雅，流水围绕，南城门供人们进出。这个小村的住户数量不过百，却是郑州市现存唯一的基本维持了中原土寨风貌的古寨。

南城门

从中原西路大桥以东望去，保吉寨南城门那高大的门楼依稀可见。门楼正中央上方，镶着三个大字"保吉寨"，即为保吉寨寨门。

根据史料可知，清代咸丰九年（1859年），时任鲁山县教谕的宋应午发起修筑保吉寨的倡议。从落成至今，这座土寨已历经100多年的风雨。

保吉寨的整体面积约为1平方千米，土寨的墙体为板筑结构，上宽约5米、底宽约10米、高度达10米。寨门位于南侧，呈现青砖券拱式样，采用木制门板加上铁条和宝盖钉增固。20世纪30年代中原大战时期，冯玉祥麾下的一个连队曾在保吉寨驻扎，寨墙受到了枪击和炮轰，弹孔残留至今。2000年，政府曾用部分老砖重修保吉寨，门顶处又加盖了小庙一座。进入寨门，西边有宽约一米的水泥阶梯直通向门顶。

历史上的中原地区可谓多灾多难，作为兵家必争之地，郑州更是战乱连年。兵祸年代的平民为了自保，于是在村子四周夯土，垒筑成几丈高的围墙，并在墙头遍植酸枣刺，就成为"寨墙"。在寨子朝向大路的方向留个缺口，用砖石固定，安装高大的寨门。寨子内部供人们筑房修屋，安居乐业；每天早晨开放寨门供人们往来，晚间或是战乱时期，关闭寨门。

鸦片战争以后，河南地区在时任团练大臣毛昶熙的督促下，河南各府州县的乡绅们临时组建人力赶筑寨堡，保吉寨便是当时的成果之一。

如今的郑州市区，越来越多的"寨堡"变成了"社区"，或者由于人口发展，被划归为宅基地盖房。保吉寨成为郑州土寨的遗珠。

郑韩故城为何在春秋时期大繁荣

郑韩故城

《史记》《汉书》里讲，郑国原先位于陕西一带。春秋时郑武公东迁，在中原腹地建了郑国新都。作为与陕西故都的区分，中原的都城名为新郑。战国时期，郑、韩先后于新郑建立了长达500余年的统治。20世纪50年代，考古工作者确定了面积约为16平方千米的郑韩故城遗址。

郑韩故城的北城墙雄伟壮观，城墙为红黏土和黄土分层修筑，地表的城墙部分达20余千米。郑国的城基位于下方，而较高处为韩国工匠增高加宽，距地面约18米。春秋战国时期的郑、韩两国，地处中原，危机四伏，因此不得不筑起高大的城墙。

郑韩故城被誉为"四十五里牛角城"。城内中央处有一道城墙把城池

郑州的历史与城门楼

分隔为东西两半。其中西城相当于政治中心，郑、韩的皇家宫殿、贵族宅邸等都集中在此处；东城则是经济重镇，无论手工作坊还是百姓住宅，这里都应有尽有。

当年的郑韩都城交通发达，经济繁荣。公元前230年，秦灭韩。此后郑韩延续的繁荣到此告一段落。

《左传》里有个著名的"烛之武退秦师"的故事，它就跟郑韩故城的北城墙有些联系。春秋年间，晋国流亡公子重耳得以返回故土执政，谋划与秦国合力讨伐郑。郑文公派老臣烛之武前去劝说秦穆公。当时郑国国都被秦晋的军队团团围住，夜晚，烛之武让人用绳系紧自己，从北城墙把他慢慢吊下去，偷偷求见秦穆公。烛之武向秦穆公劝道："何故要灭掉郑国，而为晋国增添国土？郑国强大了，秦国就削弱了。如果您能打消灭郑的想法，而把郑国当成在东方道路上接待您国家来客的主人，郑国人可以款待秦国往来的使节。您也并不会有什么损失啊。"之后"东道主"一词成为宴请宾客的主人的统称。

昔日繁华的郑韩故城，历史上曾经受过两次较大的破坏：一是秦始皇统一全国，为了扼杀旧贵族势力，于是"毁拆东关诸侯旧城郭"，对故城的城门、城垣等进行了一些破坏；二是1944年日寇侵华时，对郑韩故城进行过轰炸，造成部分城墙损坏。

乾隆年间的"大门楼"是哪座建筑

历史上，无论怎样恢宏的百年王朝，在时光的长河里也仅仅是沙砾。坐落在东史马村大街交接处的任家古宅，自清朝乾隆时期建成之后，历经了将近300年的风雨飘摇，却依旧庄严静谧地守护着后人。

当地人把任家古宅叫作"大门楼"。

任家古宅的落成，耗费了四代人63年的努力。最初由任君选开始动工，建造过程精雕细琢，设计刻画巧夺天工，直到任德润这一代方全部完工。

任家古宅是郑州市林立的高楼中间的一片苍绿。在青树翠林间，"大门楼"那青灰色的砖墙若隐若现，颇有历史沧桑之感。

"大门楼"的东西方向长度约为23米，南北方向长约45米。一进门可见门楼山屏，材质为雕花木门。

大门楼

现存建筑的院落分作前、后两部分，皆为硬山灰瓦式样。

前院三座房都附有前回廊，木门四角墀头带花纹砖雕，客厅当中为精致的彩画雕梁。后院三座房皆高于前院，为砖制封闭式结构。

东西厢房的门窗，木雕工艺相当精湛。东厢房有象征着高官厚禄的"双鹿食草"图，代表延年益寿的"仙鹤云海"图，激励子弟奋进的"鲤跃龙门"图等。西厢房则有幽芳高洁的"菊花"纹样，雍容富贵的"牡丹"图案等。透雕、浮雕之类多样的雕刻技艺穿插其中，显示出工匠师傅们的玲珑心，更不难看出任家古宅的昔日繁华。

"大门楼"的门楣之上，高高悬挂着黑底金字匾额"辅翼国政"，原来为道光皇帝钦赐，后不幸遗失。后世主人任金岭又请族里高人摹写，再由主人亲手复制，才成了今日的模样。

为了保护任家古宅，任金岭向政府申请保护"大门楼"。2017年5月18日，任家古宅成为"郑州天祥博物馆"，向民众开放参观。

你知道郑州现存唯一的清末绣楼吗

如今郑州的南大街以西，有个不起眼的小院落。它有个特别的名字——南门西拐。

院里最著名的是一栋建于清代的二层小楼，硬山式建筑，方向为坐西朝东，通体由砖木建造，上面覆盖着蓝砖黑瓦。五间面阔，一间进深。小楼前方有一枝曲折回环的葡萄藤。

它是老郑州的骄傲，见证过才子佳人缠绵悱恻的爱情，也诞生过绮丽的诗文。传说中机灵活泼的红娘、沉入水中的百宝箱，都与这座小楼有着丝丝缕缕的关联。

绣楼

这座小楼周围的老房子多已拆迁，小楼本身也因年代久远，个别地方有开裂现象。倒是二楼顶上两个龙头砖雕依旧活灵活现，一南一北，昂首苍穹，龙须似乎在风中飘动。

它就是郑州市区现存唯一的一座建于清代末年的绣楼——岳氏绣楼。

过去，此处坐落着岳家大院，如今岳家大院仅剩下这么一座绣楼。老郑州南门地区，岳家是远近闻名的豪门，岳家从祖上便开始经营药材生意。往日的岳家大院，分为好几进院落，东边直接朝向南大街。

与大院里的其他建筑相比，岳氏绣楼原是深居大院内部最不起眼的一座建筑，这里居住着岳家未出阁的少女。尽管绣楼百年来被风雨侵蚀，但其内梁、檩的完好程度让人赞叹，屋顶的瓦片也依旧如新。绣楼左右两侧设置有气窗用以通风，门头部分精美的砖雕门罩，无意间显示出当年的气派豪华。

无论是这座岳氏绣楼，还是昔日的岳家大院，都见证着老郑州岁月的变迁。

你知道老郑州的"王家大院"吗

郑州老城有一条唐子巷，这里在清末民初的时候，聚居着6个大户人家。这些富户的家全是四合院、高门楼，里面几进院落，房屋数量不少。

一条道分两边，路南居住着褚家、孟家和王家，路北坐落着阴家、周家和沙家，个个都是人丁兴旺、家大业大。

1928年，南大街热闹起来，第一家药店普利公药栈在这里开业了。郑州药材业也跟着活跃起来，不出几年工夫，南大街就得了个"药材一条街"的美称。当时的药材贸易十分繁荣，涵盖了附近的东大街、唐子巷、盐店后街、博爱街、南学街等区域，开设的药店达200余家，从事相关行业者逾1300人，这一地区药材的年销量约450万斤。

王家大院

那段时期，郑州每年都会举办两次药材骡马大会，实际上是各地药材商的交易盛会。作为著名药材集散地的郑州，在全国都颇有影响力，唐子巷的王家也是药材富商之一。王家大院的修建更是气派，院内有座两层的古民居，整座楼坐东朝西，并向西延伸至南大街，大院临街的围墙及老门楼，直到近年才被拆除。

传说，过去的唐子巷很难取水，只有一口苦水井在最东边，井水苦得难以下咽，附近的居民对此愁眉不展。王家跟沙家讨论挖掘甜水井造福邻里，并且他们真的成功了。新挖掘的井水甘甜清澈，汨汨不绝。从这以后，不但唐子巷的各户人家都依靠甜井水为生，附近的居民们也慕名前来打水。之后还出现了一批卖甜井水的小贩，专门给大型商铺和富户们送水，生意特别红火。

你知道寅宾门上的黄金钉吗

郑州这个古老的城市有四个门四个宝的传说，今天我们提到的是东城门上黄金钉的故事。

郑州的东城门，又名寅宾门，在《乾隆郑州志》和《民国郑县志》中有关于这座城门的详细记载。东大街东口的这处城墙有缺口，就是原来的东城门，原名寅宾门，出自"寅宾出日"，是郑州城迎来送往之地。有欢迎八方来客之意，与城门实际的功能是十分贴切的。寅宾门于20世纪50年代拆除，东门口是后来百姓的俗称。

虽然如今的东城门已经不复往日的风采，但是关于东城门的四宝传说仍然在郑州百姓的心里留下了很深刻的印象。相传东城门上有两扇大铁门，分别镶嵌有49个大铜钉。这上面的铜钉工艺精良，一个个像是大半圆的珍珠扣在门上，闪闪发光。尤其是到了晚上，光芒四射，将整个城门楼照得如白昼般通明，光亮刺眼。后来有一个名叫赵二货的老光棍，整日游手好闲，不务正业，有了钱就吃吃喝喝，没有了就上街盗窃。有一年冬天雪下得非常大，大雪封路，因为之前一时手痒赌博输了钱，赵二货家没有米面下锅，更窘迫的是他的烟瘾犯了，急得他心头冒火。他心里着急又没办法偷到钱，这时他突然想到，大家都传说城门上有一个黄金钉，如果能够拿到这颗黄金钉换成银两就可以解决现在的问题了。于是到了晚上，趁人们都已熟睡之际，他悄悄走向东城门，将门中间一颗黄金钉挖下来，拿回家准备第二天换成银两。但是到了第二天一早，当他急急忙忙地准备出门换钱的时候，他惊奇地发现黄金钉不见了。他很是担心，于是匆忙赶到城门处，发现城门上的大金钉完好无缺地扣在城门上。他很惊讶地说，难道真的是外财不富穷人命？大金钉自己"归位"的故事就成为郑州四城门四宝的故事之一。

如今，东城门虽然只剩下东城门外的城墙，但在城门外城乡接合部沿道路两侧发展起来一大片区域，开通的地铁3号线也被命名为"寅宾门站"。

你知道藏在郑州古村落里的古门楼吗

物以稀为贵，在城市快速发展的今天，似乎很难在城市中看到那些古门楼的身影，但越是这样，古门楼的存在越会显得弥足珍贵。

在巩义，有一个名叫海上桥的百年老村，这里至今仍然保留着众多清朝中期的古村门楼。

根据村中的古碑记载，村里沟下早先有一汪深泉，泉水旺盛，翻花上冒，常年不涸，甚至在泉眼周围聚出了一处碧潭，被称为"海眼"。后来人们在海眼旁修建了一座龙王庙，以感谢神灵的恩赐；又在水沟上建了一座石桥，方便了沟北和沟南的互通有无。因这里泉水清澈，可见桥影，风景甚是美丽，没居住在这里的人们便称这座桥为海上桥，村名也随之改作海上桥了。

海上桥村留存下来的大部分门楼都建于清朝中晚期，历经了上百年的岁月，仔细观察的话，依稀能辨认出一些门楼的檩条上存留着"咸丰三年三月十九日吉时""道光十一年""同治二年三月吉日"等墨字。这里的门楼修建时间最早要追溯到清乾隆年间。当时头脑灵活的王氏第十二代先人王伯当、王伯禄兄弟两人经营土地，开办煤场，经销煤炭，在几年的辛苦打拼之后带领族人修建了这里的门楼，并在后人的不断改造整修下日臻完备，最终形成了今天我们看到的样子。

在村里的一处建于清代中期的不知名的建筑门楼上，至今仍保留着一副石刻的对联，"犁风锄雨永绵世泽，诵诗读书丕振家声"，而横批则是"耕读传家"。这里的"耕读传家"是海上桥村村民们世代相传的家训。

你知道那座拥有奇特标徽的门楼吗

在陇海路的铁路西侧有这样一个建筑，从表面的风格来看，这个门

楼应该历史久远，门楼上的徽标很有特色。但除了知道应该跟铁路有关之外，很难猜测这里的建筑原本应该是属于铁路上的哪个部门。

编著《老郑州印象之铁路卷》的郑州地方史志专家、"老铁路"王瑞明老先生曾说："这个门楼保存完好，但它周边的建筑已经变化很大了。这里可以说见证了郑州铁路最初的发展历史。"

在郑州铁路发展之初，也就是1905年，这里叫马寨，当时时任清朝铁路公司督办的盛宣怀，派丁道源在此处建立了汴洛铁路工程局，督建连接开封与洛阳的铁路线。1908年，汴洛铁路通车，这里顺理成章地成为汴洛铁路车务处。1913年，因为这里的西局承担从洛阳以西到陕西宝鸡的工程，这里变成陇海铁路西路工程局。当时的局长甚至在任期间建起了500多亩的苗圃，为铁路提供行道树树苗，这也是陇海路苗圃小区的来历。1949年中华人民共和国成立，在国家铁路局的支持下，郑州成立铁道部，有了郑州铁路局，这里又改名为"郑州铁路职工会"，后改为"郑州铁路工会"。

如今曾在全国征集来的徽标已经看不出原来的红色，甚至随着郑州交通的发展，铁路行业的日新月异，这里已经失去了原来的意义。门楼前面的楼房为了给陇海高架立交施工提供场地，也已经拆除干净，仅仅剩下一个孤零零的门楼。

你知道挖掘了50年的殷商城吗

河南是中国耕种文化的发源地，洛阳、开封都是历史上有名的都城，拥有悠久的历史和灿烂的文化，但郑州作为商都遗址也毫不逊色。郑州凭借商代都城遗址——亳都都城遗址位列中国八大古都之一。如今商朝都城的城墙已经仅剩斑驳的几段，但是谁也无法否认这里曾经的繁荣。

1955年，殷商的首段城墙遗址被发现，后经人鉴定，这里是殷商的都城旧址，也就是仲丁迁都所迁的隞都。仲丁是商王太戊之子，太戊死

后，仲丁继任王位，并将
都城从亳西迁到隞，这里
发现的都城遗址就是隞都
的旧址。

说到殷商城，从都城
的旧址可以大致看出，这
座都城呈正方形。这个方
形的古城是现在管城回族

殷商城

区政府所在地，为什么叫管城呢？因为"管"正是古代商朝管国的简称，
也就是王朝所在的地方。这里的都城遗址跟其他地方是不相同的，我们
了解到的外国城墙大多都是既高且大，这样的城墙基本上都拥有强大的
防御功能，甚至为了加强城防，大多用大块砖头堆砌而成。在城墙的西
南角，我们还能清晰地看到一处明显高起的墙体，很可能是当时的瞭望
台，是供士兵们观测敌情的地方。

如今随着文物局对殷商旧城遗址不断挖掘和保护，这里的城墙被当
地文物局在墙顶上铺设木板进行保护，以防参观的人群对原本脆弱的旧
城墙造成破坏。

郑州的街桥与地名

　　古代王朝依水而城，引桥而通。延续了大河文化有3800年历史的郑州城是桥街文化中的佼佼者，甚至作为京杭大运河的必经之地，郑州在隋唐时期达到了事业的最高峰。然而随着岁月的流逝和新的城市地标的兴起，越来越多的古桥不见了踪影，越来越多的老街被新地标覆盖。现在让我们一起去看看那些被岁月掩盖的繁华。

　　作为仰韶文化和商王朝古邑的郑州，还有无数个有趣的地名值得我们细细欣赏。五龙口、龙凤洞、蜂蜜张、站马屯、关虎屯、邙山，这些地方在城市建设中已经失去了原来的样貌，但它们的故事却随地名永远地保留了下来。

郑州的街桥

你知道郑州的"四桥一路"吗

李志一首《关于郑州的歌》，让郑州的桥被更多的外乡人所知。

郑州作为一座新老交替存在的城市，它的建筑包括桥梁有着混搭的风情。郑州的"四桥一路"包括紫荆山立交、河医立交、金水路高架、大石桥和金水路。

四桥一路

作为新时代的城市标志，"四桥一路"到现在为止已经有24个年头了。20世纪90年代初，郑州市的商品经济迅速发展，但这个时候的古桥已经完全不能适应运输的需要。如何解决桥梁建设的问题？如何在不破坏原有的古建筑风貌的情况下实现双料发展？

经过一系列的会议讨论，当时的郑州市副市长陈义初力排众议，向社会筹集资金拉动外商投资，最终在1994年郑州市排除万难决定建成连通郑州市的四条大桥并保留了古建筑的名称和一些古迹。令人没想到的是，这项工程一竣工立刻成为郑州市最抢眼的景点，甚至吸引了无数的外省投资者前来参观。

提到"四桥一路"，就不得不提到北宋时期就存在的金水路，金水路承载了近几代郑州人的记忆，幸运的是，郑州的城市建设并没有抹去历史的痕迹，历史地名存在于新时期的桥梁中。"四桥一路"在新的历史条件下因为新的用途而重新焕发光彩，并记录着中华人民共和国新的故事。

惠济桥和隋唐大运河有什么关联

位于郑州市惠济区大河办事处东南方位的一座三孔拱券桥就是惠济桥了。作为仍在使用的古桥，惠济桥算得上"历史悠久"。惠济桥建成于隋唐时期，一直延续到宋元时期，历经三朝，直到清朝这位四朝元老才得以重修。

惠济桥

惠济桥的确和京杭大运河有关系，开封惠济桥是隋唐大运河通济渠的一部分。以洛阳为中心，北起北京，南到杭州，贯穿南北，连接了京津冀地区与长江中下游地区，促进了南北沟通的隋唐大运河正是从郑州一路向南。先有河后有镇，镇因河而生，因河而荣。中国有句古话，临水而城，正是联系着隋唐大运河和郑州市的惠济桥促成了古郑州的发展。

来来往往的商户，琳琅满目的商品，络绎不绝的吆喝叫卖声，密密麻麻的河线和搬运工，惠济桥上深深的车辙印和磨平的石砖，无一不在说明这里曾经的繁荣。当然除了强劲的商业功能，惠济桥还是郑州有名

的游玩胜地，古时"荥泽八景"之一。2003年，在郑州市政府的大力支持下，沉睡了百年之久的惠济桥再次出现在世人面前。石质护栏，护栏柱头还雕有一些仙桃、动物的造型，甚至还有一些残存的商品古器，岁月并没有将这座古桥变得面目全非，而是在时光的打磨下显得更加古朴。2009年，作为隋唐古迹的惠济桥大运河遗址申遗成功。

如今只要我们走近些，似乎还可以听到高低不一的叫卖声、水声和脚步声。

小京水桥真的藏在湖底吗

受现在时不时的"海上打捞古董"的新闻影响，大家似乎潜意识地认为古董都是埋在地下的，不是在某位达官贵人的墓里挖出来的，

小京水桥

就是从海里捞出来的。但并不是所有的古董都是殉葬品或者是丢失的，有一些是在城市的发展中被掩埋的。你能相信吗，会有一座桥藏在湖底。

西流湖，号称郑州的"大水缸"，是20世纪70年代左右政府为了解决郑州百姓的饮水问题而在贾鲁河的旧河道边上引入黄河水而成的。如今，很少有人记得这里藏着一座乾隆年间见证了无数历史岁月的古桥。小京水桥就是藏在西流湖底最大的秘密。

"千里石桥卧听京水奔东海，万古高岗俯瞰官道通豫陕"，位于保吉寨附近的小京水村口处有这样一副对联，乍一听就知道这座桥有着不一样的故事。小京水桥现在能看到的仅仅是被埋在淤泥下面的一道痕迹，但不妨碍我们了解它的故事。小京水桥因地方而得名，曾是郑州辖内的

豫陕官道，从郑州向西的第一个驿站。元末至清末500余年间，因为这里是通往郑州城的唯一要道，也就能想得到小京水桥曾经的繁华与热闹。1902年，慈禧、光绪由西安返回北京，同样走的是这条古官道，过小京水桥，到达郑州后，顺着黄河回到北京。后来因为西流湖的蓄水，小京水桥和这里的繁华一起被掩盖在湖底。

熊儿桥和"熊耳"有关系吗

　　熊儿桥位于现在的郑州市南关街闹市区，是郑州市现存时间最早、保存最为完整的古石桥。关于熊儿桥的来历，民间流传的说法是起源于一户姓熊的人家。

熊儿桥

　　相传在明朝时期有一户姓熊的人家生活在城南的石柱村。熊家有四口人，熊氏夫妇和两个儿子，哥哥熊大和弟弟熊二。在熊氏夫妇因病去世后，为了维持一家的生计，哥哥将弟弟送到了郑州城里的张家为奴，而他自己则外出打工。穷人的孩子早当家，离开了兄长的熊二很是勤快，办事干净利落，深得当时张家家主的喜欢。后来在张家家主的提拔下熊二当上了管家，并由主人改名为熊儿。当了管家的熊儿并没有因此猖狂，反而因为感激家主的知遇之恩，更是精打细算、处处用心，为张家省下了不少银钱。张家家主在高兴之余，给这位熊管家在约定的工钱之外给了不少的银钱。当时的郑州城南门外有一条河，每逢夏秋季节河水暴涨之时，来往进出的行人需要蹚水过河，很是不便。回家探亲的熊儿在知道这种情况后，把他的全部积蓄拿出来修了这座石桥。对此城南的百姓感激不尽，就把此桥称为"熊儿桥"。后来为了方便，连桥下

郑州的街桥与地名

的小河也被叫作"熊儿河"。

那熊儿桥到底跟熊耳有什么关系呢？据史料记载：在清朝初年，一位下来编写地方志的郑州官员途经此地，本来是要根据读音来记录这条小河名称的，地方县役却意外地发现此河在流经城区时弯曲成一道弧线，形状颇像熊的耳朵，于是在官吏的建议下，不仅"熊儿河"被称为"熊耳河"，桥也因此变成了"熊耳桥"。

铭功路的由来

郑州的街桥中有一条铭功路，铭功路是怎么命名的呢？郑州的铭功路位于二七区，南起解放路，北至大石桥，是近代军阀割据时期直奉军阀郑州之战后形成的一条老街道。

根据史料记载，1922年年初，直系军阀和奉系军阀混战。当时的直

铭功区

系将领吴佩孚披挂上阵，亲自率军自洛阳拔兵北上攻打奉系军阀张作霖，派陕西督军冯玉祥留守后方，以镇守中原。冯玉祥率领的军队和吴佩孚的部分军队共同驻守郑州。殊不知，当时一直蜗居在开封地界的河南督军赵倜暗中和张作霖勾结，并在郑州兵力空虚之时与张作霖里应外合率领大概两个师的兵力合攻郑州。冯玉祥在得到消息之后派陕西军胡景翼师火速增援。双方在郑州东郊的二里岗和北郊的十里铺展开了火拼。3天的激战，赵倜被击败，郑州逃过一劫。在本次的战斗中有一位团长奋起反击，不幸中弹身亡。战后为了表彰这位团长和将士们为了保卫郑州不畏牺牲的精神，冯玉祥部集体筹资为这位团长在西陈庄东边购买了一处墓地，并于1925年修建成了纪念直奉郑州

之战殉难团长彭象乾及诸官兵的铭功园。之后，为方便外来各界人士和群众观瞻凭吊，修建了一条由市内通往铭功园的道路，命名为铭功路，这就是铭功路的由来。

郑州的德济桥和《聊斋志异》有关系吗

《聊斋志异》里面有关于德济桥的故事，世人总是对狐仙的故事津津乐道。其实德济桥真的跟《聊斋志异》没关系，蒲松龄老先生曾经因为德济桥写过一篇《修桥记》。当然这里面还有一个不为人知的故事。

德济桥和熊儿桥一样位于熊儿河上。民间传说，熊儿河两边的地面坑坑洼洼，一旦春夏时节河水泛滥，人们就必须蹚水出行。关键是通往济南的官道只有这一条路，而这条路一旦难以通行，挡住的不仅是路过的人，还有千千万万进城

德济桥

的人。就在百姓饱受其苦的时候，一位法号"德济"的禅僧依靠善缘求得各方商户的慷慨解囊，筹资修建了一座桥。百姓为了感念他的善意，而将此桥称为"德济桥"。

1933年，郑州商会的会长田镜波先生和张波臣等人看到了南关周围的商机，他们想在南宫庙周围建立郑州药材和骡马大集会，然而最大的阻碍是附近的熊儿河上并没有可以通行的桥路，发展和往来很是不方便，这位会长便和大家商量着集资建桥。桥建成了，因为当时主要的募集人是张波臣，张波臣原名张德海，为取"德海周济"之意，将大桥命名为"德济桥"。

如今，这座桥处于东西火车站之间，也属郑州的咽喉要道了。

郑州的街桥与地名

福寿街上的人真的长寿吗

福寿街的历史实在算不上长，但是却因为地名蕴含着美好寓意而归到老街的名下。身为郑州小有名气的商业街，你一定不敢相信在清朝末年的时候这里只是荒地。直到20世纪初，作为郑州两大铁路交会点的福寿街才因为众多集散货物而逐渐转型成为商品集散中心。此后，棉花商行、饭店、客栈、酒店、南北货、杂货店铺、货栈、盐店等店铺如雨后春笋蜂拥而至，这里也就顺理成章地成为商业街。

福寿街

至于这街的名字由来，还真有一段故事。据说，这条街上曾经住着一位名叫谭崇礼的汉口人。这位谭掌柜在此处经营一家棉花商行，专门负责收购本地的棉花运往汉口转港。这位谭姓掌柜因为对经营理财很有一套，懂经营，善管理，同时为人正直大方，又有雄厚的资金，很快便赢得了郑州商界的好感，并迅速打开了郑州的棉花市场。这位谭掌柜为人正直善良，他在商行门口看到那些衣衫褴褛、孤苦无依的乞讨老人时都会面露同情，甚至接济一二。这样一来二去的次数多了，他就产生了建立专门的机构救济孤寡贫困老人的想法。很快，在郑州商会的支持下，他迅速在谭记棉花商行的北边开了一个祈寿堂，定时给流落街头的孤寡老人发放粮食、药品和衣服。这样的善举很快得到了众多商家的支持和响应，至此谭记的祈寿堂成为了一块活字招牌。

待街道统一起名时，商户们约请了见多识广、学问渊博的商务会长荆丙炎老先生，请其为此赐名。荆会长左思右想了好几天，与商户们商议："这条街上生意人多，从设'祈寿堂'可以看出众商家都愿意为老人多福多寿做好事。就取福寿二字，把这条街叫福寿街好了。"

商户们听了觉得这名字既好听又有寓意，一致赞同。从此，福寿街的名字就叫开了。这样看来，福寿街上的人不一定长寿，但做好事为别人绵延福寿自己也自然会福泽绵长。

你知道德化街原名叫什么吗

德化街位于福寿街的西北拐角处，互为邻里。老人们常说："一条德化街，半部郑州史。"被誉为中国"十大著名商业街"之一的德化街在近百年的历史中见证了郑州百年以来的起起伏伏。

德化街

德化街原名"惠仁街"，算得上是一条火车拉来的街道。德化街旧址是一片名叫"野鸡岗"的荒地。1903年京汉铁路修成，郑州车站在这附近落成，郑州成为内陆的商品集散中心。当时苑陵街以北叫"惠仁街"，因为商品处理和分类的需要，这里开始出现了一些店铺和街道的雏形。因为各种商品集中在此运输和买卖，附近各个乡镇和地方县的商户开始在这落脚，后来一些客栈打尖吃饭的地方等相继出现，老城中一些较有名的店铺商号也陆续迁到这里。从东到西，这里开始形成了郑州最早的商业街。

德化街名字的变更后面还有一个有意思的故事。德化街早期名叫"惠仁街"，本来这个名字写出来寓意很美好也没什么歧义，但是要在日常生活中使用可就有些为难了。"惠"与"毁"谐音，这不是"要完蛋"的意思吗？后来清末举人刘邦骥与众商合议，取"德化育人"之意，改名德化街。

今天的德化街从1980年成为郑州商品集散地，到2000年市政府正式批复德化商业街的建设，德化街从未改变自己的定位。如今在新的服务业、旅游业等新兴产业的扶持下，德化街以新的姿态让德化商业街的称号越叫越响。

大同路和孙中山先生有关系吗

"美美与共，天下大同"，孙中山先生一生致力于近代中国的伟大革命。孙中山先生既没有在这条街居住过，也没有在这里举行过任何会议，这儿确实跟孙中山先生没什么联系。至于这条路为什么要叫"大同路"，还要从它原来的名字说起。

大同路之前被称为马路大街。清光绪年间，这里只是郑州老城郊区一片不起眼的农耕区。1897年清政府修建卢汉铁路，1903年又建成汴洛铁路，这两条铁路正好交会于此处，这里的地理位置才日趋重要。因为需要在此处做铁路换站的准备，这里聚集了大量的铁路员工和家属，为了服务这一特定的人群，这里陆续开始有了一些商店、饭店等。因为这里是通往郑州老城的街道，所以这条街又被简单地称为"马路大街"。

随着经济的发展以及地方居民的增加，这里的商业发展迅速，日趋繁华，街道四通八达，店铺鳞次栉比。1916年遂改称大通路，取四通八达之意。民国时期，为了响应孙中山先生提出的"天下大同"的奋斗目标，郑州当时的官员取巧将"通"换成了"同"，至此正式更名为"大同路"。

延陵街为什么不在江苏延陵

乍一听到延陵街名字的人估计会感到很奇怪，延陵不是江苏的地方吗，为什么在郑州也会有一条延陵老街？故事还得从1906年卢汉铁路修成开始讲起。

1906年卢汉铁路正式建成通车，郑州成为重要的站点，吸引了无数的商户来此建厂投资。郑州的西关南侧有一煤场，从煤场向南正好是一条通往老城的街道。当时的煤场老板是一位江苏人，姓吴。

延陵街

1916年，郑州开始对所有的街道整修起名，这条街道的名字归属权就落到了位于街道附近的吴老板身上。这位吴掌柜自己不会起名，又不能敷衍，于是他想到了当时就住在煤球厂附近，担任郑县训导的荥泽县秀才、岳飞第二十八世孙岳起锋先生。第二天，吴掌柜来到岳先生家里，对他说："眼下世面大了，这条街还没个名字很不方便，您老人家学问渊博，请给这条街起个名字吧！"这位岳先生可是位妙人，既不想自毁招牌，偏还想着暗捧这位邻居一把。沉思了一会儿，岳先生灵机一动，遂问吴掌柜："掌柜的，您家住在哪里？"吴掌柜回答说："鄙人江苏延陵人。"岳先生一笑说："您是延陵人，来这里又早，凡事有个先来后到，就以您老家的'延陵'二字命名吧。"这个名字简直就说到了吴掌柜的心坎里，吴掌柜也就欢欢喜喜地带着名字去找政府注册。

从此，延陵街的街名就正式收录，一直沿用至今。

你知道郑州的操场街吗

今天的郑州操场街位于郑州火车站东南一角，西起一马路，东至敦睦路，南临西三马路，北邻大同路，单单看到这儿，难免让人想到这该不会又是一条因火车而兴起的街道？据了解，这条街道虽然邻近火车站，

郑州的街桥与地名

但是它出现的时间要比郑州火车站早一些。

操场街

据了解，操场街最早形成于20世纪20年代。民国初期，军阀割据，直系军阀吴佩孚部的第八混成旅就驻扎在现如今的操场街一带。因为军队需要得到良好的休整和完备的训练，旅部就不得不挑选一块较大的场地。西起现在的一马路，东临大剧院，南起杜家花园，北到五权路，这块有2万余平方米的地方就被修整成了第八混成旅的专属练兵场。直到1924年直奉军阀之间展开第二次战争，这支队伍调离郑州，这块操场才算彻底闲置了下来。

1927年，在冯玉祥奉命第二次督豫的时候，因为操场的面积够大，这里便成了召开临时会议和群众集会的地方。但这个时候操场还是操场，并没有发展成为一条商业街。这里因为缺少强大的人流吸引力，也就理所当然地成了空地。

直到郑州开始连续通铁路，这里的空闲场地才有了用武之地。

20世纪80年代，卢汉铁路和汴洛铁路相继通车，郑州一下子成为各大商户的抢手货。后来因为这里空地较多又离车站比较近，不少的商家和居民争先恐后地在操场附近经商、开店，做买卖，一时间店铺林立，逐渐形成街道。因为这里原本就是个操场，人们便称这条街为操场街，这个名字也就沿用至今。

2002年5月前后，这条街因为商业的发展再次被拓宽至15米，双向人行道各6米宽。从此操场街就以商业街的面貌延续了下来。

唐子巷和糖有关吗

唐子巷位于老城区中部偏南一点的地方，这条看起来不是很显眼、长约250米的街道是郑州历史上最为古老的一条巷子，可以说是老郑州人最久远的记忆。

唐子巷

唐子巷原名糖子巷，据明朝万历二十四年（1596年）刻的石碑《郑州创开义巷记》记载：该街原名叫糖子巷，由于"糖"与"唐"同音，唐字系独体字，笔画少而且不容易写错，故逐渐演变为唐子巷。

提到唐子巷，大家就会有疑问了，为什么叫"糖子巷"呢，难不成这里糖比较甜？没错！正确的答案就是：这条巷子里有一家作坊用这条巷子里的甜水做出来的糖非常好吃。

故事还要从巷子难取水开始说起。在以前的时候，短短的巷子里只居住着6户人家，他们分别是巷子路南的王家、褚家、孟家，路北的沙家、周家和阴家。受当时多子多福观念的影响，各大家族都有几套宅院，房屋多，家族人口兴旺。这么多人是如何吃水的呢？当时在巷子的东头有一口苦水井，这6户的几百号人都要从这里取水来维持一家的用水。僧多粥少，再加上井水苦涩难以下咽，街上的人家都开始为吃水发愁。这个时候家境比较富裕的王家和沙家就商量着看能不能在巷子里再挖一口甜水井，经过地形勘测，终于在巷子的西头相中了井址。大概是王家和沙家急公好义的善举感动了上苍，最后，果真挖出了一口甜水井。巷子里的人家从此吃上了甜井水。

说到这儿还不算完，一次意外的机会，沙家人发现巷子里的甜井水做出来的糖和点心要比其他地方的水做出来的香甜许多。沙家人紧紧抓住了这次商机，趁机在他们家开在大十字街东北角的永发源中推出这款糖。永发源点心店一向有质量保证，是一个几代人的老店，深受老百姓的信赖。糖一经推出就受到了好评。这沙家是当地的名门望族，家大业大，逐渐地人们就都知道了十字街里有条巷子里的沙家做糖非常好吃。一传十，十传百，就这样"唐子巷"成了沙家糖店的代名词。

主事胡同里到底住着哪位主事

在我国古代经常会有因为一个地方的杰出人物或者盛产的物品而命名的地方，诸如中山路是以孙中山先生的名讳命名，还有紫阳县是以紫阳真人为尊，桑村以养蚕出名等。但是我们今天提到的主事胡同是将这两样合二为一，这条主事胡同因盛产明清两代的大小主事而得名。

"主事胡同虽小，可是名气却大，明清时候，这里可是郑州最繁华最富有的街道呢！"走在主事胡同，往往会有热情的街坊邻居自豪地介绍着。当然，拜名人效应所赐，这条胡同真的是明清两朝主事的安家场所。意料之外情理之中的是：

主事胡同

主事胡同一开始并不叫主事胡同。这到底是怎么回事呢？

主事胡同以前叫"张家义巷"，为什么叫张家义巷呢？这里面还有个故事。明万历年间，这条胡同中间有一段还是不通的，也就是说这条巷子是一个"闷葫芦"。来往的人如果想从巷子的北端走到巷子的南端就必须从另一条路绕行，很不方便。一个名叫张大维的商人，他乐善好施，为人大方，很快出资将那块不通的路买了下来并命人将其打通，从此这条胡同南北通透。张掌柜的义举得到了巷子里百姓的感激，于是大家就把这条路命名为"张家义巷"。之后的万历二十四年（1596年），应百姓的要求，郑州县的知府在《郑州创开义巷记》石碑上颂扬张大维乐善好施的义举，希望可以通过立碑的方式倡导大家好善积德。

从此这个小胡同就名扬郑州了。直到万历四十年（1612年），一位名叫阴化阳的举人当上户部主事之后从郊外搬到了张家义巷，这条小胡同也就随之改成了主事胡同。更有意思的是在清朝光绪年间，同样有一位中了进士的主事居住在这里。有这样前后两位主事住在这里，叫张家义巷的人渐少，叫主事胡同的人渐多。

万顺街和"得劲刘万顺"有什么关系

郑州作为近代著名的被火车拉来的城市，它繁华的商业都是依托于火车运输。延陵街、福寿街、万顺街，这些地方都是因为离火车站比较近而得以发展。万顺街可谓是近代郑州火车货商街的翘楚。

清光绪年间，清政府修建卢汉铁路，郑州是重要的货物集散中心，一时间吸引了无数的商户入驻，甚至一些人开始纷纷在郑州寻找新的商机，试图在这里一夜暴富。这个时候，刘万顺也来到郑州火车站寻找商机。要说这刘万顺为什么能够提前来到郑州，这还要从卢汉铁路通车之前说起。

1903年，铁路开始向郑州延伸。在建筑工地上，那个多年来一直跟随筑路大军移动摆摊的湖北商人将无意间捡到的图纸交到筑路指挥部。遗落图纸的技术员为了感激他，便告诉他卢汉铁路马上就要修好了，建议他在郑州火车站附近购置房产，并为他指明了未来郑州火车站的具体位置。这也就是刘万顺提前来到郑州的原因。

刘万顺来到郑州火车站附近后以非常低廉的价格在车站对面买下大片土地。考虑到自己在辗转各大修路点上积攒下的人脉，刘万顺办起了"万顺转运公司"。都说好人好运比较多，刚刚买下地的他很快便遇上了他人生中的第一笔大买卖——棉花。因为郑州的棉花一时间供不应求，这样的大宗货物转运是前所未有的商机。他因为占得先机，生意十分红火，随后又在明远路、正兴街一带购买大量的店铺扩大转运业务，迅速赚取巨额的启动资金。后来，他的公司成为郑州规模最大、资金最雄厚的转运公司，在各个转运点都开有分店。十几年的工夫，这个过去的小商贩因为自己的善举而成为郑州地区的小富豪。

在当时，郑州商界就流传着"要想富，靠转运，得得劲劲刘万顺儿"的顺口溜。后来当大同路西段南侧形成一条新街时，因他是此地的大商户，名望颇高，就将这条新街以他的名字命名为万顺街。

郑州的地名

须水曾经是汉楚相争之地吗

须水古称潧水，根据《韩诗外传》里的说法，"潧、漳、江、汉，楚之望也"。包括潧水在内，这些流域都是楚国的疆域，但是这里提到的潧水可不是郑州的须水，而是安徽的。大概也是怕引起地方地名的混淆，郑州的潧水在汉朝改名须水。

须水

根据金元好问《楚汉战处同钦叔赋》："虎掷龙拏不两存，当年曾此堵乾坤。一时豪杰皆行阵，万古河山自壁门。"说的是在长达5年的楚汉相争中，因为汉军在此避免了一场祸事才在战事结束后将其改名为"须水"。

在三国对垒时期，楚汉双方在此处摆好了阵势，两军隔河相望准备厮杀。忽然天降暴雨，河水开始暴涨，双方军心大乱。汉留侯、军师张良见状对刘邦言道：见险能止，大易知之，请少须。刘邦即令收兵，班

郑州的街桥与地名

师回营。果不其然，这次的战争终究因为连绵的雨水而在开始就宣告了结束。当时的百姓还是很迷信的，大家认为是因为张良的先天之见才避免了这次的战乱。古汉语的"须"的意思是稍等、暂停。"须"在这里应该是汉军暂停的意思。刘邦统一天下后，为了纪念这次战役也为了避免重复地名，官府遂将"濉水"改"须水"，沿用至今。

马庄和光武帝刘秀的故事

马庄位于郑州中原区的须水镇上，是一个历史比较悠久的村落，当然也是郑州开发的著名的人文景点之一，一直备受郑州人民的喜爱。一个

村落为什么会这么出名？是因为这里的村名是光武帝刘秀亲自命名的。但奇怪的是，这里的村民大多姓孙，还有一小部分姓方或者闫，就是没有姓马的，那这里的村名是刘秀根据什么起的呢？

马庄

据地名考究，这里流传的说法是光武帝刘秀曾经在这里受过一饭之恩，才会亲自为此地赐名来感谢他的恩人。西汉末年，被王莽追杀的刘秀逃到了现在的须西南隅郎沟西河湾附近，在连续的逃亡中他是又累又饿，筋疲力尽，正在他准备进村讨碗水喝的时候碰到了正准备给田间忙碌的兄长送饭的李姑娘，实在饥寒难耐的刘秀将马拴在河边的树桩上，向这位女子施礼乞讨，该女子见刘秀虽疲惫不堪但仍彬彬有礼，同情之下便将手中的食物分给他一半，然后继续去给兄长送饭，兄长询问为什么今天的饭少了，该女诚实相告，说自己将饭赠予了一位过路的落魄少年。她的兄长听到之后很是生气，

大声地责骂她不遵守男女授受不亲之道，不守三纲五常之礼，该女在羞愤之下投河而死。刘秀称帝后，很是感念少女的一饭之恩，遂复来回报她，听闻这位少女已经因为这件事自杀身亡，感动于少女的贞烈，于是降旨在河旁建落河庙一座，塑落河少女神像，永享人间香火，后人称落河奶奶庙。后又忆起当时曾在河南岸拴马的一株柳树，遂将其封为御马桩。

后来的百姓因此地受过皇封而来此定居，为了方便起见定村名为马桩，因"桩"与"庄"同音，久而久之将马桩改成马庄。

五龙口和几位皇帝的故事

"遥远的东方有一条龙，他的名字就叫中国。"在外国人眼里，龙就是中国的象征，我们也一直将自己视为龙的传人。龙在中国古代更是有着特殊的意义，尤其是当地名中涉

五龙口

及"龙"字，那一定意味着这里曾经是皇帝待过的地方或者是在皇帝登基之前住过的地方。譬如在明清时期，登基之前的皇帝住的地方就被称为潜龙府邸。这样想来，五龙口这个地方一定是有皇帝待过。

根据五龙口村村志记载，唐朝末年时，这里还是一片荒滩，俗名狗牙滩，滩北紧挨黄河，村头有唯一的渡口。五代后梁末帝时，郑州防御使王彦章，山东郓州寿张人，因为没有任何官职加身，穷困潦倒之际，曾在此以摆渡为名，专门拦劫过路的贪官和奸商。当时石敬瑭、刘知远、石重贵、郭威和柴荣等五人就在一次路过渡口时，与打劫他们的王彦章

有过激烈的交战。

后来石敬瑭等人借着后唐末年天下大乱的时机，推翻了李家王朝，先后建立了后晋、后汉和后周，瓜分了天下，当了乱世皇帝。当地的人们就把成功篡位的石敬瑭五人说成是"五龙"，把他们与王彦章大战的渡口称为"五龙口"，并在此地修建了五龙庙，塑石敬瑭、刘知远、石重贵、郭威、柴荣五人金身。百姓们认为既然五龙在此集会过，五龙口必定是块风水宝地，就紧靠五龙庙附近定居下来，并以五龙口作为村名。

到明朝时期，村民们集体筹钱，在村东门立了一块石碑，并在石碑上刻有"五龙困彦章"的传说。

1927年，冯玉祥督豫时，在五龙口村驻扎，他将五龙口村改为"五权村"。

1949年中华人民共和国成立后，尊重群众的意愿，村名又恢复为五龙口村。

十里长亭和龙凤洞的故事

"长亭外，古道边，芳草碧连天。"李叔同的一首《送别》让人伤怀不已。在中国古代的驿站文化里，十里一亭，也就是说驿站路上大约每十里设一亭，负责给驿传的信使提供馆舍和给养等服务。城市的长亭一般都设在郊外，因为古诗中经常有长亭送别的故事，所以长亭又是古代郊游、送别的地方。但是我们提到的十里长亭则

龙凤洞

有另一个有意思的故事。

十里长亭，原村址大概位置是现在郑州国棉五厂的大门位置，是古郑州扩建之后才位于现在的郑州城内。据说赵匡胤在做皇帝以前，经常约三五好友到郊外，一起吃吃玩玩。有一天他跟好友从郑州郊区路过，夜宿在西十里铺的青牛观内，夜深人静的时候，隐约之间仿佛听到女子的啼哭声。他循着声音找过去，在一庙之隔的洞内发现了一名正在哭泣的女子。他进洞询问，才知道这名女子原本是山西人，名叫赵京娘，被强盗掳掠到此后自己逃出，但因为并不认识路不能返家。听过女子的哭诉，又因为都姓赵，赵匡胤对她起了怜悯之心，遂以兄妹相称，为免使京娘再次遇险，便一路护送京娘回到了老家。

后来，赵匡胤做了皇帝，人们就把赵匡胤休息的地方叫十里长亭，把找到京娘啼哭的洞叫龙凤洞。而这一段宣扬皇帝仁善之心的故事也被后世许多的说书人编成戏曲传唱。大概人们总是对这样英雄救美的故事怀有一种美好的感情，在后来的戏剧中京娘为赵匡胤关心照顾所感动，甚至欲以终身相托。当然这样的故事也仅仅是赵匡胤一生传奇生涯中的一个小片段。故事的最后，赵匡胤凭一身正气和高强武艺，安全地送京娘至家中，即刻投军而去。

传说故事与戏曲的互为补充，使赵匡胤送京娘的这段故事得以在更加广阔的范围内传播，也让大家对少年时期的赵匡胤有了更深刻的认识。如今西十里铺村已经拆除，龙凤洞也已经不见踪迹，但在这里发生的赵匡胤送京娘的故事，足以使西十里铺村扬名天下。

二七区名称的由来

1921年，中国共产党成立。为了发动广大工人群众积极参加革命，中国共产党商议决定派人到京汉铁路沿线开办工人夜校，组织工人活动。

1923年，京汉铁路在郑州市普乐园附近举行京汉铁路工会成立大会时，遭到了直系军阀吴佩孚部下军警的破坏。为了对这样的行为表示抗议，2月4日，京汉铁路全体工人在中国共产党的领导下，为了争取属于自己的自由，举行了罢工，史称京汉铁路工人大罢工。罢工之后，全国各地的铁路工人纷纷支持，甚至形成了全国工人直接反对封建军阀的革命运动。京

铁路郑州

汉铁路工人大罢工掀起了中国共产党成立后中国工人运动的第一次高潮。然而好景不长，2月7日，吴佩孚再次派出大量的军警进行残暴的镇压，尤其在汉口江岸、郑州、长辛店等地分派了大量的人员，甚至杀害了江岸分会委员长林祥谦、武汉工团联合法律顾问施洋，制造了震惊中外的二七惨案。

为了纪念那些为自由做出牺牲的人们，郑州市政府尊重民意，遂将大罢工发生的地方称作二七区。

"蜜蜂张村"只有姓张的吗

蜜蜂张位于二七区中部，东依京广铁路，西靠康复中街，南临马砦街，北到北闸口，是郑州市有名的经济发展区。但是听到蜜蜂张的名字，大家就会知道这里曾有一位擅长养蜂的好手。但是会有人好奇，这里所有的人都是养蜂人吗？所有人都姓张吗？

蜜蜂张原是郑州西部的一个村庄。相传清朝年间，这里住的只有刘、王、杨三姓八户人家，简称"八家庄"。后来一个养蜂人张广德辗转来到

八家庄定居，他在来到这里之后便带动村民们养蜂采蜜，惠及乡里。因为在中国古代，人们掌握一门技术非常难得，所以为了能够荫及子孙，大家都会选择将技术私传下去，但是这位张师傅并没有私藏，而是无私地将技术教给了村民。天长日久，在张家人的影响下这里的村民都富裕了起来。大家为了记住这位养蜂的好人，便将村名改为蜜蜂张，并一直沿用了下来。

清光绪三十二年（1906年），京汉铁路郑州车站铺设在老城西，就在马砦、蜜蜂张村东附近建成。这样便利的交通无疑给了蜜蜂张村一个很好的蜂蜜外输通道，蜜蜂张村再次取得了长远的发展。

中华人民共和国成立后，人民当家做了主人，蜜蜂张等几个村子所处地理位置更加优越，从此与铁路有缘的蜜蜂张村一步步实现了前所未有的发展和大跨越。

管城是管书鲜的封地吗

管城是郑州市最为古老的一个地方，中国对于管城的记忆大概要追溯到分封制王朝——周朝。管城这个名字也因为这段历史延续了几千年，称得上是最古老的地名。

西周初年，周武王建立周朝之后，封他的弟弟叔鲜管理如今郑州市城区的管城区，建立了管国。周公摄政后，管叔鲜因叛乱被杀，管国没了主人遂被废除，沦为管地。所以从最早的意义上来说，管城确实曾经是管叔鲜的封地。

如今管城区作为郑州市最为古老的城区，有着古老的文化和历史遗迹。虽然现在已经看不到管城往昔的风光，但是那些斑驳的城墙和出土文物，无一不在向世人展示着这里悠久的文化。

你知道七里河村名字的来历吗

在中国古代，经常会以附近的标志性建筑或者自然物给地方命名，但是七里河附近不止一个村落，那为何只有一个村落以河流命名？而且更奇怪的是这条河并不叫七里河。

相传，早在明朝年间战乱大迁民时，曹姓家族最早在此定居，以姓氏命村名为曹村。清朝末年，盗匪肆虐，郑州地区陷入了无序状态，为防匪患，农村地区开始动员村民一起抗击盗匪。有实力的村庄单打独斗，实力弱的村庄就联合起来共同抗击外敌。当时，曹庄有个监生名叫马万源，侠肝义胆，在方圆

七里河村

几十里地内很有声望，他就是曹庄抗击外敌的组织者。

在当时的情况下，打一道寨墙要耗费大量的人力和财力，并非易事。众人拾柴火焰高，他开始动员村民们有钱的出钱，没钱的出力。甚至还联合附近的尚岗杨、岔河等村联合起来参与修寨，在众人的努力下，很快筹备到修寨需要的足够的材料。修寨的工程开始月余，时任郑州知府的王莲塘听到了这个消息，他便想着把曹庄修寨墙的材料都弄过来。于是王知府就派衙役到曹庄，借《大清律》明文规定，距城十里之内的村庄不许筑寨墙，命令立即停工。马万源并没有听从，反而开始加快速度修寨。王知府见一计不成，便设法把马万源抓到了监狱，声称不停工不放人。马万源并不屈服，对前往狱中看望他的村民代表说："开弓没有回头箭，我宁可死在狱中，也望村人把寨墙建成。"在他的鼓励

下，村中百姓更加齐心协力，加快了筑寨的速度。王知府见这些村民如此倔强，怕激起更大的民愤，便没敢再抓人。没过多久，一座六角形的寨墙就建成了。

寨墙一经落成，王知府再也没有了借口，他想着把马万源放了，便询问身边人这个曹庄距离城墙有多远？有人回答七里。王知府听了总算松了一口气，给自己找了个台阶，说既然这曹庄距离城墙不过七里，那便把人放了吧。后来王知府又怕自己失了民心，便说："我看该给曹庄改个名了，村边有条河，那就叫七里河吧。"就此被关押的马万源也被放了，曹庄人长长地出了口气。

金水区里的"金水"是什么意思

金水区是因为金水河流经所在地区而被冠上"金水"的称号，但是金水河为什么会被称为"金水"，还要从春秋时期说起。

在郑州人的眼里，金水河和金水区代表的是郑州的清明景象。这个地方和这条河流一

金水区

直和古代郑国的宰相子产联系在一起。相传在2500年前，春秋时期的郑国有一位著名的政治家子产。在他执掌郑国朝政的26年间，励精图治，勤勤恳恳，廉洁为公，为郑国的百姓办了一件又一件的好事，解决了一个又一个难题。在他去世后，大思想家和教育家孔子都流着眼泪说："子产可是古代留给我们的恩惠啊。"

当时的郑国老百姓为了纪念子产，纷纷拿出自己的金饰为其送葬，

子产的子女都不接受。因为春秋时期有水葬的传统，百姓们便将金银首饰投到河中，这条河也因为金饰的绚丽光芒泛起了金色的斑斓，从此得名金水河。

中华人民共和国成立之后郑州全城整改，便将金水河流经的地区称为金水区。几千年过去了，虽然子产永远地留在了历史中，但是郑州人民以另一种方式让他在这里继续存在。

庙李村和姓李的有关系吗

郑州的村名和地名看似平淡无奇，但是其背后往往都有一段动人的故事或者历史。据当地的村名研究专家所说，这些地名后面被缀上某个姓，一定是因为这个姓氏的人有地位或者有名望，抑或道德高尚，才会让村民百姓把村名、地名冠上某个姓氏。

庙李村的得名，的确和姓李的人有关。跟郑州市的其他地方一样，庙李村最早的村民是李姓移民。众所周知，郑州是历史上有名的移民城市，从家谱查证可知，这里的李姓人是甘肃陇西李氏的旁支，在明朝洪武年间随着著名的大槐树移民迁徙到了这里。一开始这里并不叫庙李，而是叫西冯刘村，而随着冯姓人家和刘姓人家逐渐迁走，这里便以李姓为主。之后，李姓一家独大，并在此集资修建了家庙，此处便称庙李。

马渡村和南宋皇帝赵构有关吗

现位于郑州市金水区，索须河与黄河之间的马渡村是一个跟皇帝有关的村庄。该村形成于南宋年间，其村名因为和南宋皇帝赵构有关而得名。

根据南宋爱国诗人辛弃疾的《南渡录》中记载："康王，徽宗第九子，质于金，间道奔窜，倦息崔府君庙，梦神人曰：'金人追骑且至，王宜速去，已备马门前候矣。'王惊觉，马已在侧，王跃马南

马渡村

驰，一日七百里，河既渡，而马不前，下视之，乃泥马也。"这讲述的就是赵构和马渡村的故事。故事中的赵构还处于青年时期，当时为康王的赵构是宋徽宗第九个儿子，为了和金国相互制约，赵构作为人质前往金营。到达金营的赵构远离故土，水土不服，又思念父母和亲人，趁监管松懈时，逃了出来。当时他饥困交加，累倒在崔府君庙里昏睡起来。在半梦半醒之间听到有人对他说："金兵铁骑离此不远，小神已在门外备好良马，王爷赶快起驾吧。"对于生命的渴望让赵构一跃而起，跑出庙门果然有一匹战马。此时从不远处传来人喊马嘶声，来不及细想的赵构，飞快上马，朝着黄河的方向飞奔而去。战马的奔跑速度很快，赵构在恐慌之余赶紧紧闭双眼，抱紧马脖，任由战马带着自己逃命。让人不可思议的是，战马的速度很是惊人，像腾云驾雾似的，半天工夫就跨过黄河，跑到现在马渡村的位置。这时战马不再奔驰，赵构睁眼一看，自己身下的原来是匹泥马。这时的赵构恍然大悟，才知道是崔府君救了他。

后来赵构当了南宋的开国皇帝，史称宋高宗。当时的百姓认为皇帝是天命所归，既然这里是救过皇帝的地方，肯定是风水宝地。随着这里的名声传开，越来越多的人慕名搬迁，慢慢地人多了起来，便形成一个村庄，大家一致将村名定为"马渡村"，一直延续至今。

扁鹊去过卢医庙吗

扁鹊本人姬姓，秦氏，名缓，字越人，又号卢医，生活在春秋末期到战国初期。扁鹊本名并不叫"扁鹊"，这个称号是因为后世人们非常崇尚他的医术，而有意用上古黄帝身边神医的称号来称呼他。

卢医庙

卢医庙也叫扁鹊祠，是一座纪念扁鹊的祠堂。因为卢医庙是在扁鹊死后，为了纪念他而建的，所以扁鹊是从未去过卢医庙的。为什么会在郑州有一所卢医庙呢？这就要从卢医庙的历史说起了。

扁鹊心性善良，在学成医术之后便游走各国，每到一处都尽力救治病人。有一天扁鹊游历到了虢国，听说虢国太子暴亡不足半日，还没有装殓。听过具体病情描述的他赶紧告诉宫中的中庶子，称自己能够让太子复活。中庶子并不认识他，以为他是江湖骗子，正要打发他走，扁鹊开口说："太子所得的病，就是所谓的'尸厥'，形静如死，其实并没有死。"

中庶子将信将疑，但抱着一线希望将扁鹊请进宫中。见过太子之后，扁鹊命弟子协助其用针砭进行急救，刺太子三阳五会诸穴。不久太子果然醒了过来。扁鹊又用药剂进行调理，太子的病很快就痊愈了。这件事传出后，人们都说扁鹊有起死回生的绝技。

当时的秦武王不慎扭伤腰部，秦国太医李醯几番治疗后没有好转，云游来此的扁鹊给他推拿一番，又开了一服药喝，吃下去便好了。武王很开心，想要封扁鹊为太医，李醯慌神了，他担心扁鹊抢了他在秦武王心中的位置，极力阻止武王，成功阻挠了扁鹊做太医，同时他又担心秦武王会再次想到扁鹊，于是他派人暗杀了扁鹊，一代神医从此消亡。

消息辗转传到虢国，东虢太子一方面遗憾一代神医的陨落，一方面感念扁鹊救命之恩，于是他在如今的郑州市里特地建立了一座祠，也就是今天的卢医庙。

郑州的民俗与节日

　　提起节日习俗，大家的脑海中一定会涌现出许多不同的画面，除夕夜的爆竹声和团圆饭，上元佳节的花灯和甜糯的元宵，清明节踏青的人群和放飞的风筝，端午节赛龙舟的壮观景象，中秋节阖家赏月的和美。民间有俗语说得好，"十里不同风，百里不同俗，千里不同情"，不同地方的民俗和节日习惯往往不同。在郑州，就有许多不同于其他地区的地方习俗和节日习惯。老一辈的中国人强调"入乡随俗"，了解一个地方的习俗能帮助我们更好地融入当地人的生活。而在当下，了解一些郑州当地的风俗习惯能让我们更好地认识这座古老而又厚重的城市。

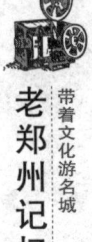

郑州的节日习俗

郑州婴儿出生时都有哪些仪式

新生命的诞生对于人们来说是件值得庆祝的事情，在不同地区对于迎接新生儿的方式也不相同。

在郑州的农村，人们将生儿育女称为"得喜"，男孩子是"大喜"，女孩子是"小喜"。孕妇快要生时，会把接生婆请到家里，然后让产妇坐在小板凳上，放一个盛有温水的木盆，然后再放一个鸡蛋和一把锁。婴儿出生以后，接生婆要用盆里的水给孩子洗澡，盆里的鸡蛋要让孕妇吃了，意思是还可以再生。锁要戴在孩子身上，意为锁住孩子的性命。生的是男孩，衣胞要埋在大门口，寓意男孩子将来能支撑家庭；生的是女孩，衣胞要埋在院中树下，意为一朵花。

婴儿出生以后，父亲要去告诉所有的亲朋好友，称为"报喜"。在报喜时还要带上礼品。到岳母家给岳母看礼品，就能知道已经生了，而且还可以看出来生的是男孩还是女孩。因为生男孩要带烧饼，生女孩要带麻糖；或者是生男孩抱公鸡，生女孩抱母鸡。婴儿出生的第三天，父亲要给街坊邻居们送喜面条。岳母也要拿着鸡蛋、挂面、红糖、大米去女儿家，俗称"瞧三天"。

因为以前接生用的是不消毒的剪刀剪孩子的脐带，婴儿很容易感染破伤风死去，所以在九天以后已经过了感染期，家人会庆祝办"祝九"，或者在婴儿出生后第十二天庆祝。这天，亲戚朋友及街坊邻里都要来祝贺，婴儿的父母要设置酒宴招待宾客，接生婆要请来坐在上席。姥姥家的人要给小孩儿送米面、红糖、鸡蛋、小孩衣服等礼物，亲友也要给婴儿见面礼。酒席最后要吃一碗喜面条，还要送些煮熟后染红的鸡蛋"回篮"给客人，称为"喜蛋"，这个习惯至今还保留着。

郑州"碰姓"起名和满月习俗有什么讲究

郑州以前流行婴儿"碰姓"起名的风俗，也称"闯姓"。意思是婴儿出生后的第一天早上，婴儿的父亲出门后碰见的第一个人，不管是男是女，都要跪下磕头，让他给婴儿起名字，这就是碰姓。人们最喜欢碰见姓刘或者姓程的，因为"刘"与"留"同音，他们认为这样可以留住孩子的性命；"程"与"成"谐音，意思是孩子可以长大成人。所以以前孩子的姓名就是随机碰到的人起的，而不是父母。

婴儿满月后，姥姥家要来"叫客"，就是说让生产过的母亲和婴儿回娘家小住几天，叫"走满月"，这个习俗相传已久，至今郑州还很流行。产妇离开家时，头上要扎根红布条，婴儿头上要顶块红布，红色可以避邪。姑姑要拿锅灰在婴儿脸上抹一道，到姥姥家由姨姨擦掉；返回时，姨姨要在婴儿脸上抹一道白，寓意婴儿长寿。所以民间有"姑姑抹，姨姨擦，小孩儿强似金疙瘩，一定能活一百八"的说法。

婴儿满月后还必须剃头发，这也叫"绞发""剃胎毛"，这是满月礼中重要的一项仪式。但是不能把头发全剃光，要留胎毛。因为"身体发肤，受之父母"，所以剃下的胎毛不会扔掉，父母会保存下来，或者缝在婴儿的枕头里，或者做成毛笔等。

郑州人给孩子过生日有什么庆祝方式

在郑州，孩子的生日是按照出生那天的农历来算的。每年到了孩子生日这天，父母都会在早上给孩子煮鸡蛋并染红吃，寓意一切圆满。因

生日红鸡蛋

为红色在传统文化中寓意着吉祥和喜庆，所以生日的早上要吃红鸡蛋。中午父母会给孩子做面条吃，面条通常只有一根，称为"长寿面"。但在生日这天忌吃玉米粥，因为在郑州的方言中，玉米粥叫作"糊涂"，所以不让孩子生日这天喝玉米粥寓意是不想让孩子糊涂。

在郑州孩子生日那天称"长尾巴"，一般是由长辈对晚辈说的。有一种说法是以前的家人希望孩子快点长大，从十六岁成年那天起，就要看尾巴长长没有，长尾巴的意思就是命长，活得久。所以，每长大一岁，尾巴就长长一点。"长尾巴"也就意味着孩子已经长大成人。

所以在孩子生日这天，是不能让别人碰到屁股的，这样就等于自己长出的尾巴被别人打掉了，是不吉利的。

郑州人出生时为什么要认干亲

所有的父母都想让自己的孩子健康长大，但是并不是每个孩子都能避免灾祸。所以为了让孩子平安成长，人们便想出各种办法消灾祈福。

郑州的认干亲习俗，俗称"认干爹干妈"。有的农村婴儿认碰了姓的人为干亲，有的认孩子多的人为干亲。在城里一般都是认跟父母关系好

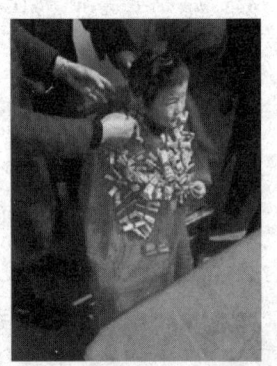
认干亲

的亲朋好友为干亲。行认干亲礼时要给干亲送面条、点心，再给认的干娘做一条大裤子。认干娘时，要把孩子放在裤子里，孩子从裤子里漏出来，就意味着孩子是干娘生的了。而认过亲的干娘要给婴儿脖子上挂一个刻有"长命百岁"的锁，等到孩子12周岁的时候才能打开，而且必须是干娘亲自打开。这样整个认亲仪式才算完成。

从此认定的干亲就要把所认的孩子当成自己亲生的，在逢年过节给孩子红包、买新衣服等，以保佑孩子能够健康长大。

小孩子为什么要吃"百家饭"穿"百家衣"

小孩子穿"百家衣"吃"百家饭"的意思是小时候像乞丐一样，长大了容易成活。所以在郑州，家里有婴儿出生的，尤其是世代单传的人家，都要给街坊邻居报喜，这时候会向每家讨一块布，把这些讨来的布头拼在一起做成的衣服就叫"百家衣"。如

百家衣

果邻居们有姓"刘""陈""程"的，老人们会很高兴地收下他们给的布头，因为这几个姓氏有吉祥的寓意。做衣服的版型样式是没有讲究的，花色也各种各样，但是颜色以蓝色为最好。因为"蓝"和"拦"同音，意味着孩子穿了"百家衣"就会被拦下，不会被妖魔鬼怪带走。

虽然百家衣对款式没有要求，但是缝制的手法却有着约定俗成的规定。针脚的走向，以及图案花纹都有着特殊要求。而且衣服不能在正中间开一个大口子。这种衣服要在底襟处留个口子，叫作"藏魂处"，这个口子要在孩子满月时由母亲缝住，意思是把孩子的魂留住，孩子就能永远在身边。

除了穿"百家衣"，还有给孩子吃"百家饭"的习俗。在新年农历初一这天，长辈要带着孩子沿街乞讨，手里拿着一个碗，沿路要下来，就像乞丐一样。然后把讨来的所有的米、面、馒头混在一起做成粥，让孩子吃下。寓意是吃了百家饭，就会受到百家的庇护，能够辟邪平安。吃了别人给的饭，长辈要蒸一百个铜钱大小的馒头，放在篮子里用手提着沿着街道或村庄沿路发放馒头。馒头只给小孩子发，这些馒头意味着灾，馒头发完，灾也散完，自家的孩子就能无病无灾地健康长大。孩子们吃这些馒头称为"嚼灾"。

老人祝寿都有些什么讲究

晚辈为达到一定年纪的长辈祝寿这一习俗有着悠久的历史。长辈的年纪和祝寿方式在郑州有着特殊的讲究。

郑州人习惯给过了六十岁的老人祝寿，在民间也有"不到花甲不庆寿"的说法，从六十岁开始作为一个坎，以后每过五年都称作"小寿"，每过十年都称作"大寿"。在郑州祝寿的年纪是按照虚岁来算的，59岁要做60大寿，79岁就做80大寿。一旦开始做寿，中间是不能停的，5年一小庆，10年一大庆。以前的风俗把做99岁称为"白寿"，意为百岁缺一。而活到100岁的老人过寿不叫百寿，意思是"九十九，活不够"。

一般的家庭都会在家为老人庆祝一下生日，晚辈们备好宴席或者简单吃一顿饭。以前祝寿这天，已经出嫁的闺女必须给老人带寿糕还有用面蒸成的寿桃，但是现在大家都开始接受了新型的祝寿方式，给老人买一个生日蛋糕。因为"吹灯拔蜡"这种词听起来不吉利，给老人祝寿时一般只会买蛋糕但并不会插上蜡烛，也没有吹蜡烛许愿这一流程。但是吃长寿面这个习俗仍旧必不可少，不仅如此，子女们还要将自己碗里的面分给老人一些，意为"添寿"。

而有条件的家庭给老人祝寿相对会比较隆重，称为"大庆"。子女们会请来专门的戏班子或者歌舞演出剧团、放映电影，设宴招待来客。祝寿的时间因地而异。有的习惯在早上祝寿，有的则在中午祝寿。这天亲朋好友和左邻右舍都要前来祝寿，而且要赠送贺礼。在寿宴上送出的也叫"寿礼"，挂面称作"寿面"，鸡蛋称作"寿蛋"，红糖即"寿糖"。除了这些，还有的宾客送匾作为贺礼，但是寿礼切忌送钟表，因为"送钟"和"送终"同音，寓意不吉利。

寿

大寿这天，家里要重新布置，挂上红灯笼、红绸缎，门的两边贴上写有"福如东海长流水，寿比南山不老松"的红对联。老人也要穿上喜庆鲜艳的衣服。屋子正中间的桌子上要摆上桃子等水果，放鞭炮庆祝。晚辈们也要穿上新衣服依次给老人磕头祝寿，并双手献上寿桃。随后老人将晚辈献上来的东西再分发下去给他们吃掉。

为什么郑州的老人六十六岁也要祝寿

郑州的旧习俗中，老人祝寿最为隆重的一次是老人66岁的时候。因为在民间有"六六大顺"的说法，所以老人到了66岁是吉利的象征，要好好庆祝。在民间也有"六十六，娘吃闺女一块肉"的说法，意思是在父母66岁生日这天，已经出嫁的闺女必须给父母买一块生肉。割肉时不能称，一刀下来是多少要多少，不能再随意添补。或者有的儿女直接买六斤六两肉给父母吃，再蒸上66个馒头。这些东西都只能让父母两个人吃完，否则会被其他人夺福。

除了66岁祝寿以外，还有73岁和84岁祝寿的说法。因为在民间有俗语"七十三，八十四，阎王不叫自己去"，一到这个年纪，父母就会开始

紧张，要想多活些年岁，儿女就要在父母生日这天买一条鲤鱼。鲤鱼喜欢乱跳，这一跳，就带着老人跳过了这个坎，可以活得更久。除了鲤鱼，生日的早上老人一定要吃鸡蛋。这种鸡蛋不是普通的鸡蛋，要煮熟后由女儿拿到麦场滚几下，拿给父母跑到门后偷偷吃掉。因为在民间有"咕噜运气"的说法，意思是吃了滚过的鸡蛋就可以有好的运气。

祝寿作为一种古老的习俗，寄托着人们的美好愿望，传达出了子女们对父母浓浓的孝心。

郑州过年的特有习俗有哪些

郑州因地处中原，过年的习俗与周边地区差别并不太大。但是民间有俗语道"五里不同姓，十里改规矩"，所以在过年习俗上还是会有些许差别。

"吃罢祭灶饭、就把年来办"，在郑州一过腊月二十三，就要开始准备过年了。从腊月二十三到过年这几天的时间安排，早已形成了

过年

歌谣在民间广为流传。有的版本是："二十四，扫房子；二十五，杀肥猪；二十六，蒸馒头；二十七，买豆腐，二十八，贴花花（就是对联）；二十九，啥都有；年三十，吃饺子；年初一，撅着屁股作个揖（指互相拜年）。"还有其他的版本，"二十三，祭灶官；二十四，扫房子；二十五，磨豆腐；二十六，割块肉；二十七，杀只鸡；二十八，宰只鸭；二十九，买坛酒；年三十，贴门神"……

除了过年的时间安排不一样，贴对联的讲究也不一样。有的是年二十八就贴，有的是年二十九，还有的因为有调皮的小孩，为了防止

新贴的对联被他们撕掉，就在年三十这天才贴。有的只是贴在门的两边，还有的不仅贴对联，还要挂红灯笼、贴窗花。在门口贴上"出门见喜"，就连猪圈、车子上也贴上对联，内容多为"六畜兴旺"和"一路顺风"。

在郑州拜年的习俗也有差别。有的地方要在年三十晚上守岁，等到第二天起个大早去给长辈拜年。拜年的方式也不同，有的地方是磕头，家里有几个老人就磕几个头，有的是直接作揖，双方鞠躬示意，这个年就算是过完了。

不管是什么形式，过年在人们的传统认知中都是一件值得开心的事情。所以按照传统来的人们，无非是想图个吉利，来年有个好兆头。

郑州人过清明节有什么习俗

在郑州，清明节的时候人们最喜欢吃馓子、枣糕、鸡蛋等食物。馓子是一种过油炸熟的面食，味道酥脆可口，以前叫作"寒具"。清明节又称作寒食节。以前的人们禁止在寒食节吃寒食，因为馓子味道可口，所以被作为清明食物保留了下来。枣糕又叫"子推饼"，郑州的一些地方做枣糕要用醪糟发面，把枣夹在面里蒸熟。枣糕的形状一般要做成飞燕的形状，用柳条串起来挂在门上，用来纪念品格高洁的介子推。在郑州的其他地方，清明节吃鸡蛋这一习俗也必不可少。他们甚至认为清明节吃鸡蛋和春节吃饺子、中秋节吃月饼一样重要。

除了食物上的讲究，清明节这天，除了给烈士扫墓以外，还有很多活动。比如荡秋千，是古代清明的传统习俗。架子是用树枝做的，固定的绳子一般是缠上枝条的彩带。现在的秋千大都发展成了绳子加踏板，比之前的更为牢固。荡秋千既是一项运动，也可以培养人勇敢的精神，所以至今还很受小孩子的喜爱。除了要荡秋千，郑州人还会植树。因为清明节前后，温度刚好，降水充足，适合植物生长，所以清明节这天很

郑州 的民俗与节日

适合植树。

　　除了植树，还会放风筝。清明节时期，正是春天，春风和煦，适合在野外放风筝。各式各样的风筝不光白天放，晚上也会放。在风筝上系上会发光的彩灯，晚上放在天上，看着它飘向天空。风筝寄托了人们美好的心愿，风筝飞得越高，心愿实现的可能性就越大。

　　郑州人也会在清明节这天踢蹴鞠。蹴鞠是一种用皮革做成的皮球，与古代的蹴鞠完全不同。球心内部需要用毛塞紧，填塞充实。蹴鞠的玩法跟足球相似，都是用脚去踢。踢蹴鞠是从古代就流传下来的游戏，那时候在清明节，人们就会在空旷的场地踢球娱乐。但是最开始的时候，蹴鞠是用来训练武士、强身健体的一项运动。

　　因为是春天，所以清明节这天人们还喜欢踏青，又叫春游，在古代叫作探春，也叫寻春。三月清明踏青，人们备好食粮找一个空旷的场地，把带来的食物拿出来分享，同时享受大自然的美丽，是清明节不可缺少的一项活动。

郑州的"牲口节"是怎么来的

　　农历的七月十五被人们称为中元节，在农村地区叫作鬼节。但是对于郑州人来说，七月十五这天是他们的"牲口节"。

　　因为郑州地处中原，以农耕为主，多种植玉米等农作物，而且农历的七月十五正是一年中最忙碌的日子。旧时农耕靠的是牲口耕地，于是在郑州人们把农历七月十五专门定为了"牲口节"，从而来表达人们对于辛苦劳作的牲口的感激和尊敬。所以每到这天农村就会举行很多敬奉耕牛的活动。在这天他们会蒸一些牛羊形状的白馒头，中午的时候供奉在案桌上，还要放鞭炮来庆祝家里六畜兴旺。

　　除此以外，这天农户们禁止使用耕牛，还要把供奉后的白面馍给耕牛吃，有条件的农户会给耕牛喂精致的饲料吃。到了晚上还要做一锅米汤给耕牛喝。所以民间有这样的说法："打一千，骂一万，七月十五喝顿小米饭。"

郑州的"乞巧节"为什么要"守巧"

乞巧节，也就是"七夕节"，这种说法起源于民间牛郎与织女的爱情传说。被王母隔开的两人只有到了每年的七月初七才能在鹊桥相会。渐渐地人们将牛郎织女的爱情故事融入了乞巧节，让民间的姑娘都信以为真。所以每到农历七月初七晚上，姑娘们就会来到一片空旷的野外，花前月下，抬头看着星空，仔细地寻找着银河两边的牛郎星和织女星，盼望着可以有幸看到牛郎和织女一年一度的相会场景。同时她们也会祈祷上天可以让自己和织女一样心灵手巧，也会织布做衣，然后寻到一个好的人家，拥有一段美好而又幸福的婚姻。

在郑州的老传统中，每到农历七月初七晚上，村子里还没有出嫁的姑娘都会七个组成一组，来对应"七夕"中"七"这个数字。她们每个人都要准备东西，为织女准备贡品。每个人的贡品都不一样，可以买葡萄、苹果、梨子、枣、香蕉等七样瓜果，或者烙七张油馍或糖烙馍，包七碗饺子，做七碗汤，还要包七个大饺子。饺子馅也有讲究，必须要由七种蔬菜混合而成。大饺子里还要包上用面团做成的七样东西，比如针、顶针、小棒槌、剪刀、蒜瓣或算盘等。七种东西代表着七个姑娘的不同愿望。到了晚上，七个姑娘会把白天准备好的贡品摆在葡萄架下面或者树下，然后点香烧纸，抬头祈祷。再一起把带来的东西分着吃掉，只剩下大饺子要挂在树上。然后七个姑娘要轮流守夜，怕的是有贪吃的人偷偷地把树上挂着的东西拿走，这称为守巧。如果这个巧守住了，就在第二天早上七个人每个人拿一个大饺子，拿到包有剪刀和针的人就是未来的巧手。

郑州的"青龙节"有什么讲究

"青龙节"指的是每年的二月初二。在农村又称为"春耕节""春龙节",是中国的一个传统节日。在民间二月二这天是龙王抬头的日子,要祈祷龙王多下雨,庆祝丰收。

所以二月二这天,农民不能下地劳作,不下地浇地、施肥。妇女也不能动剪刀之类的东西,会不小心伤到龙王。在凌晨太阳还没出来的时候,村民就要用烧过的灰渣撒成一个圆形粮仓的形状,然后在灰上撒满大豆、小麦、谷子等农作物。边撒边说"大囤满、小囤流",祈祷今年可以有个好收成。还要拿着瓦片击打着说"拼拼瓦、拼拼瓦,蝎子蚰蜒都没爪",意思是这样就不会再有蝎子之类的毒虫侵害。中午饭都是吃捞面条,称为龙须面。

二月二这天,剃头是剃龙头,为了一年有个好兆头。剃龙头寓意是好运当头,所以大多数人都会在这天理发。

郑州的方言俚语

郑州方言俚语有哪些特色

20世纪50年代末在中原之地涌入大批外来人在此定居，语言逐渐统一成现在所说的郑州话。因为郑州地处中原，邻近北方，所以语言多有包容性，听起来与现在的普通话并无太大差别。但是因为地域特色导致的差异，郑州话听起来和普通话仍有细微差别。

比如郑州话中多用儿化，人们说话时总是习惯在后面加个"儿"。比如指示方位的"那边儿"，人称代词"小孩儿"，或者是专有名词"天儿"。最常听到的是"今儿个的天儿真不赖"，一句话中会出现两个儿化，在郑州话中也不足为奇。甚至会同时出现三个儿化，比如"这是谁家的小孩儿在外边儿玩儿呢"。

除此以外，还有一个字的用法极为特殊。在郑州话中，"某"不读"mǒu"，而是读二声，有的地方发音也完全不同，读"máo"。虽然读音不同，但是意思一样，都是指"没有"。比如，"今儿个的天不好啊，都某太阳"，这里的"某太阳"的意思就是"没有太阳"。"我还某走了"，意思就是"我还没有走了"。两种读法因为各地的语言习惯不同，所以即使表示同一个意思，读音也不尽相同。

由此可见不同的地区有着独特的语言习惯和说话方式。了解当地的方言，才能更加深入地了解当地的传统文化和民俗风情。

郑州话中的"俺"到底是什么意思

提到河南话，一般人的反应就是说"我"不叫"我"，叫"俺"。所以外地人以为掌握了"俺"就掌握住了河南话的精髓。可是，大多数人关于"俺"的用法都不那么准确。

在郑州话中的"俺"指的并不是"我"。仔细揣摩就能发现，郑州人说得最多的是"俺爹俺娘"，这里的"俺"实际上指的是"我的"意思。而不是人称代词"我"，"俺"在语境中具体指的是事物的所属关系。

但是因为时间的发展和语言的变化，在生活中人们越来越常用"俺"表达"我"的意思，而这在老郑州是绝对没有的。现在随着媒体的发达，语言的传播速度加快，字的本意发生变化已经变成了一件很常见的事情。所以再听见"俺的"这样的用法也不会觉得奇怪。久而久之，不管是"俺"还是"俺的"都变成了河南话最标志性的语言符号。

老郑州流传的民间歌谣有什么

在老郑州，有"月奶奶，黄巴巴"这样的儿歌，也有广为流传的歌谣。比如"穷东街，富西街，穿靴戴帽是南街，挑挑担担是北街，搽脂抹粉县前街"。这首歌谣中的东西南北四条街是老郑州最古老的街道，但是四条街贫富不同。东大街是"穷大街"，住的大多是靠卖油打豆腐为生的人，他们的房屋破漏，过的是"地无三尺平，人无三百铜，风起满天沙，雨下满地坑"的生活。而西街店铺林立，财源茂盛，有"商遍四海，富冠全城"之称。南大街住的大多是官员，所以有"二里岗，五里铺，不抵南街一当铺"的说法。

除了这个，还有关于过年的。"今年腊月二十三，打发灶爷上青天。骑红马，备金鞍，打马扬鞭一溜烟。到天宫，见老天，抛撒米面你要瞒。初一五更你回来，多带五谷少带灾。""腊八祭灶，年节来到，闺女要花，小子要炮，老婆要衣裳，老头没啥要。"这些民间歌谣，读起来朗朗上口，便于口口相传。所以，至今过年时还能听到。

老郑州有哪些流传较广的俗语

老郑州人关于清明节有这样的说法：清明不戴柳，死后变黄狗。这话听起来有骂人之嫌，但有的人解释是因为清明是植树的大好时节，如果不多栽树，就没有足够的棺材木，人死后没有棺材装，尸体被狗吃掉，就变成黄狗了，所以这句俗语是在劝人多植树。但是不是真的是这个意思，因为只流传在民间，所以无从考证。

除了这个还有"麦收八十三场雨"一说。并不是指要下八十三场雨，而是每年的三月、八月和十月要下三次大雨。因为郑州的小麦是主要的农作物，以前靠天吃饭的人们都祈雨盼丰收。还有"麦收三月雨，还要当年墒。三月不压场，麦在土里扬"的说法。都与农民的生产种植有关。

还有一个俗语是"穷灶火，富水缸"。并不是说人们的生活贫富不等，而是说穷人家烧柴时要在旁边少放柴火，以免发生火灾。而富人家也要在水缸里多放些水，为了发生火灾时能及时扑灭。现在虽然烧柴的人家少了，但是这句话仍在流传，因为它提醒人们谨防火灾的意识仍然符合现代社会。

俗语背后展现出来的是人们的生活状态和社会面貌，是一个时代的集中反映。也正是在郑州人的口口相传中，这些俗语才能依旧保持生命力。

郑州的民间艺术

"超化吹歌"是一种怎样的演奏音乐

郑州新密的超化镇以佛教名刹超化寺命名，而超化寺因佛教梵语"超凡化度，脱俗绝尘"而得名。在这里，流传了一种古代就有的吹奏乐表演——超化吹歌，它是吹奏乐和打击乐组合的宫廷音乐。吹歌最早约起源于商夏时期，其中超化吹歌距今有1500多年的历史，被列入国家级非物质文化遗产代表性项目名录。

超化吹歌

造化吹歌的曲谱记录方式特别，以竹管为主进行演奏。明朝景泰年间，一位祖籍密县的翰林告老还乡后，前往超化寺参拜，将吹歌传授给僧人。清朝初年又由超化寺的僧人传授给当地百姓，从此流传民间。

吹歌队一般由14人或者16人组成，乐器有两管、四笙、两箫、韵鼓、锣、木鱼、大铙、小铙、镲等，以管子为主旋律合奏。管子是主要乐器，管柱是用纯黄铜精铸而成，哨片用特选芦苇制成。曲谱则是中国古代特有的工尺谱，风格质朴明快。

超化吹歌作为一种流传甚久的音乐，并没有广泛流传。因为超化吹歌的规定严格，为了保证音乐的高雅，不能参与商业或者婚丧嫁娶的演出活动，只能用于祭祀典礼或者庙会。除此之外，吹歌也很难学，所以学的人很少。

郑州的少林功夫为什么远近闻名

1982年上映了一部名为《少林寺》的电影，在国内外造成很大的轰动。爱武之人纷纷来到郑州少林寺学习少林功夫，全国瞬间掀起了习武的热潮。甚至外国人也慕名前来，一探究竟。在嵩山少林寺方圆数十里，一夜间出现了几十所大大小小的武术学校，都争相以"少林"之名招生。俗语有云"天下武功出少林"，人们现在一提到中国功夫，必然会说到少林功夫。

少林功夫

而少林寺也成了学习功夫的宝地，同时也是郑州的城市名片。

少林功夫内容丰富、套路繁多。按性质大致可分为内功、外功、硬功、轻功、气功等。按技法又分拳术、棍术、枪术、技击散打和器械对练等共一百多种。少林功夫的文化境界很高，特征突出而鲜明；朴实无华；拳打一条线，进退自如，和其他拳术有很大不同。

但是少林功夫流传广并不是因为棍棒拳脚的厉害，而是少林功夫背后的精神，也就是静心参悟。练功夫的目的是超凡脱俗，提高习武人的

品行和修养，这才是少林功夫的精髓。禅武双修，以进为退，心神合一，所以才使得外国人也争相来到少林寺，在这里潜心学习。

苌家拳是一种什么拳法

苌家拳是中国武术的一个重要流派，与少林、太极并称武术三鼎足，是中华武术的瑰宝。相传苌家拳创立于清朝乾隆年间，由郑州人苌乃周所创。苌乃周潜心研究，探究阴阳之理，融会贯通，创立了集内气、外形、技法于一体的苌家拳。苌家拳为中国名拳之一，其内容丰富，文武并重，形气合一，刚柔相济，创建历史久远，是中华武术遗产的重要组成部分。

苌家拳的理论集是《中气论》，这本书是苌家拳的理论支撑，同时也是指导苌家拳的参考书。其中的练气之术，纵横开阖之妙，是前人所没有的。苌家拳的套路有拳、棒、剑、刀、枪、鞭、弹等数十种。2008年，苌家拳入选第二批国家级非物质文化遗产。其创始人苌乃周，潜心周易，创拳立派，成为技术精湛的武术实战家和知

苌家拳

名的武术理论家，被誉为"中国武术史上旷古罕见之通才"。

苌家拳博大精深，名家辈出。除了在郑州等地，还传入了陕西、山西和香港、台湾，甚至是美国的部分地区。近几年，越来越多的苌家拳传人和武术爱好者来郑州寻根问祖，切磋交流。

沈氏摔跤到底有多厉害

摔跤运动在我国有着悠久的历史，早在秦汉时代就有文字和文物的记载。摔跤古称角抵，是我国古代的一种竞技类活动形式，属于徒手搏斗的范围，是人类最初的自身防卫手段的发展和提高。

说起中国式摔跤，自然地会联想到那是"北平天桥的把式"。而在河南省首次非物质文化遗产普查中，郑州市金水区文化馆却发现有一位老人及其父辈将正宗的中国式摔跤带到了河南，从此这种摔跤术在中原生根发芽，他就是沈友三老先生。沈友三教了半年多，东大寺回族人就在运动会上拿到摔跤第二、第六两个名次。摔跤从无到有，迅速达到全国一流水准，堪称奇迹。1959年，沈友三在传统摔跤的基础上独创的强身健

沈氏摔跤

体方法，对全民健身运动具有积极的推动作用与广泛的社会价值。

1953年沈友三参加第一届少数民族运动会，表演石锁绝活，并为毛泽东、周恩来等党和国家领导人表演，受到周恩来总理和贺龙元帅的亲切接见。曾多次代表河南参加全国摔跤比赛和全运会，均取得前几名。2005年，获中国摔跤协会和中国式摔跤发展管理委员会"杰出贡献奖"。2011年，沈氏摔跤被列入河南省省级非物质文化遗产名录。

河图洛书为什么如此神秘

河图和洛书是中国古代流传下来的两幅神秘的图案。历年来被认为是河洛文化的滥觞，是中华文明的源头，被称为"宇宙魔方"。"河图洛书"究竟是个什么东西，为什么会如此神秘？

关于河图和洛书的创作者及起源，历代人们认为是黄河中浮出龙马，背负着"河图"；洛河中出现了神龟，被称为"洛书"，也就是说河图和洛书起源于大自然。上古的伏羲则因此而演绎成太极八卦，后来成为《周易》的来源。《易·系辞上》说"河出图，洛出书，圣人则之"，就是指这两件事。

相传伏羲来到洛汭，虚心学习这里的先进经验和天象知识，总结各部落先民们在生产生活实践中积累的知识，并加以综合形成了肇始华夏文明的"图书"之学。而其中的洛汭指的就是洛河与黄河汇流的地方。

"河洛汇流"是中原著名的自然景观，古往今来，文人墨客游览吟诵者众多。这不仅是因为两水交汇，波逐浪涌形成的水天浩渺的大河风貌令人兴叹，更重要的是这里有着源远流长的历史文化。以洛汭为核心的河洛地区，向来被认为是华夏文明的发源地。《竹书纪年》《尚书》等典籍中记载的"河出图，洛出书"，以及伏羲画八卦等文人故事就发生在这里。在今天，伏羲画卦台还在黄河岸边，站在高台上就能"西看黄河五十里，东看黄河四十八"。现在河图洛书已被列为省级非物质文化遗产。

独脚舞真的是一只脚跳吗

独脚舞是郑州民间一种独特的艺术表现形式，在郑州周边的乡村盛行，有着悠久的历史。

关于独脚舞，还有一个传说。相传独脚舞是在大禹治水时的动作基础上发展而来的。因为他治水的时候站在木棍支起的高

独脚舞

台上制服了蛟龙，所以有了独脚的动作。还有一种说法是大禹治水时因为太累，过劳而死，死后化作蛟龙升了天。因为他做出的突出贡献，当地的人民为了纪念他，就创造出了独脚舞，每逢大的节日或庆典就进行演出。

当地群众又称其为"独脚猴儿"或"独腿舞"，其性质属于社火中的高跷。与其他地方高跷不同的是它的"独脚"性质，难度大，要求高，变化大，技巧性强。脚上绑上两根木棍，但是演出时要单脚跳舞。"独脚舞"和"猩猩怪"结合成了河南登封特有的"武社火"，人们把传统社火和武术形式结合，创造出了独具特色的社火形式。

表演者通常扮演一个老汉，身穿马褂，手中拿的是普通木棍做成的高跷。表演者以迅速动作跃上场，两腿紧紧地夹住高跷，进行各种舞蹈动作的表演。

笑伞舞是一种什么样的舞蹈

每年的正月十六要闹花灯。在郑州荥阳，这天是传统歌舞大型展示的狂欢节日。各式各样的艺术表演中，数笑伞舞最让人忍俊不禁。

笑伞舞又称秧歌，一般是由5个演员演出，有穿着长衫手拿

伞舞

花伞的老者，还有四个穿着侠士装的青年。男的打鼓，女的敲锣，载歌载舞，一路表演。在每一段歌舞表演过后，都要说一段滑稽的快板，快板的内容可以随机创作，即兴吟诵。笑伞舞的舞姿滑稽有趣，快板诙谐多变，形式古朴，节奏欢快，是民间极为喜闻乐见的一种艺术形式，尤其在郑州的荥阳广为流传。

关于笑伞舞的由来有这样一个传说：隋朝时期，隋炀帝派大将张须陀在荥阳守城。瓦岗军初战不利，于是趁着正月十六玩花灯的时候，将士们扮成民间的表演艺人，和民间的社火团一起混进城内，里应外合攻下了荥阳，其中的表演就有笑伞舞。这种佯装式的表演形式由此流传下来，其中的老者就是鼎鼎大名的程咬金。

为了纪念这次战役，人们就把这项活动改编成了极具趣味的"笑伞舞"，并一直流传至今。

中岳庙会和城隍庙会是一回事吗

中岳庙会是指在郑州登封的中岳庙兴起的一种民间集会，与城隍庙会是完全不一样的庙会形式。时间是每年春季的三月初十和秋季的十月初十。庙会吸引众多人的关注，每天高达十几万人次，之所以会吸引这么人，与它的传统表演密不可分。

中岳庙会

中岳庙会保留的习俗有拴娃娃、摸铁人、舞狮子、划旱船、踩高跷等。在赶会的人群中，有一些白头发的老大娘提着篮子，篮子里装满了红头绳。过往的人们递过几毛钱就能得到一根红绳。讨要红绳的大多是女人，因为这是中国求子的习俗，也就是俗称的"拴娃娃"。娃娃是用黄泥捏成，涂上彩色，有红绳的人才能买，用手中的红绳把娃娃拴回家。

在中岳庙崇圣门的东侧有四尊铁人，被称为镇库铁人。在孩子周岁时，要在中岳庙的铁人面前进行挂锁仪式。事先将锁挂在铁人身上，让孩子叩头，然后再将锁取下戴在孩子身上，寓意孩子以后会受到铁人的保护，健康平安。赶庙会的人也会摸摸铁人，因为传说人身体哪个部位不舒服只要摸一摸铁人就会变好。

郑州的小相舞狮仅仅是为了娱乐吗

小相舞狮是河南传统的文化特色。最开始的时候，小相舞狮并不是为了娱乐。传说在清朝，霍乱突起，百姓都认为是妖魔作怪，于是小相人就用舞狮祛病消灾，久而久之，这种表演被保留了下来，成为一项热闹的民间活动。

小相舞狮

在简单舞狮的基础上，小相人创造出了"高台"和"上老杆"。"高台"是两张板凳一层，一直摞到12层，最高那层有三张板凳，每层都有四个人"捉凳子"。先是一个狮子舞，然后变成双狮舞。"上老杆"是高空狮艺的绝技表演，用竖起来的三丈高的独杆、在杆的四个方向分别扯紧四根粗缆绳。在"老杆"顶端放一把椅子或板凳，狮子沿粗绳往顶杆上爬，舞出几个姿势，然后再顺着绳子爬下来。后来，由原来的一架狮子变为五架狮子，四周四架，中间一架，成为"五子登科"。

在追求娱乐的基础上，小相舞狮在逐渐创新，挑战更高难度的表演形式，除了能吸引观众以外，还有着吉祥喜庆的象征，所以受到越来越多人的喜爱。

你听说过古荥对花鼓吗

郑州市惠济区古荥镇的对花鼓起源于20世纪初。当时为了祈雨，赶

会助兴，在古荥的每个街道都有一支小型鼓乐队，在不断切磋中，各队融合重组，于是形成了古荥镇的特色"对花鼓"。

对花鼓也称"鼓戏"。参加表演者一般由20个人组成，每个人都有一件乐器，边击打边唱。乐器有大鼓、大锣、铙、镲各四个。演奏起来铿锵有力，非常有气势。各种乐器的击打都必须按着鼓谱击打，不能随意乱敲，所以声音十分好听。对花鼓的表演形式也具有多样性，大致可分为文戏和武戏两大类。表演时围着一个圆场子，边行进边击打，称作路鼓。行进中的步法有前

古荥对花鼓

进步、后退步和横步。因为有长期演出的积累，所以即使是大鼓挂在演员们身上，也丝毫不会影响他们前进时轻盈的脚步。

文戏一般都是行进中，武戏是在围圆场时。文戏有《不递照》《老常套》《四摆头》《铁曲连》四个牌子；武戏有《三请诸葛》《秦王点兵》《狮子滚绣球》等十四个牌子。表演文戏时，演员们不用互相交槌；但是表演武戏时，演员们要互相交槌，从而制造出声势宏大，令人叹为观止的气势。

直到今天古荥的对花鼓仍在民间流传，作为一种受欢迎的娱乐形式，它经常出现在庙会或是大型活动中。

嵩山的木版年画是从朱仙镇年画发展来的吗

相传嵩山木版年画是在原始农耕文明下孕育的，在北宋末年的战乱中诞生的。它与著名的开封朱仙镇木版年画的关系就相当于大河与小溪

的关系，嵩山的木版年画相当于朱仙镇年画的一个支流。但是因为后人在嵩山进行创作和改编，使得它不仅有着朱仙镇年画的特点，还形成了自己独特的艺术风格。

后者在前者的基础上加以继承并创新是自古以来的规矩，也符合新事物产生发展的规律。从朱仙镇流落到嵩山的艺人们也是这样。他们在继承朱仙镇年画的基础上进行了大胆的创新，使木版年画透露出嵩山的气息。因为山上交通闭塞，儒家和道家思想的影响很大，所以这些民间艺人们进入嵩山的寺庙，看遍了先人们留下的古代石刻、壁画，借鉴了汉画像砖上简练有力的线条和刀法，吸收了儒家、道家的思想内涵，创造出了与人们生活紧密相关，既有朱仙镇特点又有嵩山地区浓厚特色的木版年画，受到老百姓的热烈追捧。明嘉靖年间，年画市场日益旺盛，年画开始销往了嵩山以外的其他地区。过年时家家户户开始买年画贴在墙上或者门上。到了清代，有空闲在家的人们也纷纷开始学着制作年画，在这样大范围的流传中，嵩山的木版年画得到很大的发展。

嵩山木版年画构图匀称，画面上在对称中讲究着统一。表现出浪漫而又夸张的感觉，线条流畅自然，色彩以红、黄、紫、黑、绿为基调，鲜明生动，极具生活气息，具有民间装饰的独特风味。

木版年画最好的创作材料是坚实的梨木，年画的雕刻需要极强的技巧性和专业性。近年来，年画艺人在前人传统的基础上，结合了嵩山地区的民风民俗，大胆创新，赋予了作品浓郁的时代气息。内容上不再是简单的门神，而是结合生活，与时俱进。

所以，嵩山的木版年画是在朱仙镇年画的基础上发展而来，但是随着不断地更新和演变，已经具有了自己独特的魅力。

郑州的老建筑

　　郑州的老建筑，可谓是种类丰富、历史悠久、工艺精湛，一砖一石无不是这座城市对过去的记忆。即使历经时代的洗礼，当我们走近它们，仍然可以听到光阴的故事，可以邂逅岁月的变迁。漫步在郑州的这些老建筑中，不仅能领略到优美的风景，更能了解到老建筑背后的精彩故事。

郑州的老建筑

郑州人对二七塔的感情从何而来

说到郑州二七塔，就不得不提到历史上有名的"二七惨案"。正是因为有那么多英勇的斗士们勇往直前，才会有我们今天的生活。二七

二七塔

塔对于郑州的意义，不仅仅是一座建筑。这座中华人民共和国成立后，全国修建的唯一一座双塔，是每一个郑州人对历史的铭记，对英烈的缅怀。

1923年前后，我国无产阶级工人运动蓬勃发展，被压迫的工人们日渐觉醒。越来越多的工人加入争取人身自由与政治权利的斗争中，这对于北洋政府和英美帝国主义来说并不是好事。

当年2月1日，京汉铁路总工会在郑州成立，各路段的工人代表们前来参加会议。京汉铁路作为军阀吴佩孚的主要财力来源，他当然不希望总工会顺利成立，就派手下的士兵野蛮破坏，并强行封闭了总工会。总工会面对军阀的挑衅没有屈服，立刻转移至武汉江岸，同时发动组织了京汉铁路全线 20000 多名工人进行罢工。2 月 4 日，罢工正式开始，几千千米长的京汉铁路各个站线一同停工，瞬间瘫痪，物流人流全部停滞。

面对瘫痪的运输线，军阀曹锟、吴佩孚终于撕下伪善的面具，为了自身利益，2 月 7 日下令派兵在郑州、武汉江岸血腥镇压，疯狂逮捕追杀参加罢工和游行示威的工人们。最终，这次流血事件让工人们认清了封建军阀和帝国主义的凶残面目，也付出了惨痛代价，更加认识到自由与抗争的重要性。据统计，工人被杀 40 多人、受伤被捕 200 多人、被开除 1000 多人，罢工的组织者被捕后拒绝下令复工惨遭杀害。

二七塔最早是一座六边形结构的木塔，1951 年为了郑州市物资交流骡马大会修建。最初，这座塔与"二七惨案"毫无关系，只是因为这座塔位于当年烈士们牺牲的地方，郑州百姓把自己对烈士英灵的追思之情全部寄托在木塔上。1971 年，在这里矗立了 20 年的木塔倒塌后，郑州老百姓们依依不舍，希望能够保留这里，修建新塔。

决定修建新塔后，历时三个月，设计者、施工者不断克服困难，在 10 月 1 日国庆节当天准时开放。新建的塔正式命名为二七塔，二七广场也应运而生。一时间，万人空巷，全部涌向二七塔。

新的二七塔为双身并联式塔身，象征了两位在斗争中牺牲的烈士。从木塔变为钢筋混凝土结构，每层塔的顶角采用古塔飞檐的造型，顶部用绿色琉璃瓦覆盖。一共 14 层的塔，高 63 米，3 层是塔基，11 层是塔身。塔顶还专门修建了钟楼，钟楼正中间耸立着一面五星红旗，旁边六个面挂着直径 2.7 米的大钟，每个整点响起《东方红》乐曲报时。现在的二七塔改名为二七纪念馆，开放了 10 层塔厅和一个地下塔基，陈列着京汉铁路工人大罢工的珍贵资料。

在二七纪念塔南门的东侧，有一棵老柏树，郑州人亲切地叫它二七柏，叫这个名字是因为这棵树一共有 27 个枝儿，与二七塔谐音，也是人们纪念先烈的一种寄托吧。

郑
州
的老建筑

郑州商都遗址是商代哪个时期的王朝

郑州商都遗址一共有两处，一个是位于市中心的商代中期都城遗址；另一个是偏西北部的小双桥遗址，这里是商代中晚期的都城遗址。说到商都遗址，比较有名的是市中心的商代中期都城遗址，在建立国家政权之前，商部落生活在黄河下游一带，以畜牧业为主。后来商汤灭夏，建立了商王朝。在统治过程中，先后多次迁都，在郑州发现的商代都城遗址见证了这个王朝的兴盛。

商都遗址

现在游客可以看到的都城遗址包括宫殿、内城、外城三部分，一共25平方千米，以长方形的样子占据着郑州市中心寸土寸金的风水宝地，还有大约7千米长的商代城墙向外延伸。1950年秋，郑州的一个小学老师在城东南郊的二里岗无意间发现了一些陶器和石器，后来考古工作人员来到这里，发现了商代都城遗址的冰山一角。遗址内帝王都城、居民生活器具、农业手工业遗迹、墓穴殉葬品一应俱全。

后来，1952年底至1953年初，当地文物工作者经过两次勘察开采，发现了数量可观的青铜器和其他遗迹，这里被认定为商代都城遗址，也叫作二里岗文化遗址。后来经过论证，这里的商代夯土层的时间比安阳殷墟的时间早，但是具体时间一时无法推断。

既然郑州市的商代遗址早于安阳，那具体是哪个时期的呢？商代都城遗址，一共占地25平方千米，呈长方形，虽然发现时间比安阳殷墟晚，但它对于研究我国奴隶制国家的意义却十分重大。并在政治、社会、人口、文化多个方面都是实力最强的地方。

商汤灭夏后，第一个都城选在亳州，第二个王都就应该是郑州的商城遗址，当时叫作隞。小双桥的遗址应该也是商代遗址的组成部分，与它遥相呼应，很有可能全部的商代都城遗址要比我们目前发现的大很多。隞都作为当时最大的城市，出土了大量青铜器、陶器、石器，这些东西包括了饮食餐具、观赏工艺品和防御进攻的兵器。同时，出土的这些文物，造型雄壮大气、纹饰精美、做工上乘，拥有它们的只能是商王。

除了这些，在遗址内还发现了大小墓穴100多处，每一处都有很多陪葬的奴隶和殉葬品。再加上整个遗址的造型磅礴大气，雄伟庄严的宫殿无疑是拥有最高权力的王者的地盘；内外城也是阶层分明的居住地供奴隶主和奴隶生活居住。这些都证明了郑州在商代历史上的重要地位和作用。

惠济桥与隋唐大运河有什么关系

2014年，中国大运河申请世界文化遗产名录成功，也成为我国第46个世界遗产项目。一条连通南北的水上要塞，不仅滋养着河道附近的居民，也为经济的繁荣、文化的融合做出巨大贡献。通济渠郑州段作为大运河的一段重要河道，其中的惠济桥引人注目。

惠济桥

传说，曾经有一个女乞丐在河边乞讨，路过的好心人施舍了她一些吃的，她才侥幸活下来。后来她的儿子中了状元，为报恩，他们在这里修建了惠济桥。惠济桥是一座青石板砌成的宽5米、东西总长40米的三孔拱桥，也是我国最古老的桥梁之一。在惠济桥两侧的河道上，我们可以看到很多形状的汉砖，每块砖上都雕刻着美丽的花纹，形成了观赏性非常强的石阶路。在桥的东西两头还修建

了壮观的桥楼。桥下圆形的桥墩支撑着桥梁深深地埋藏在泥土之中，一方面可以保护桥身，另一方面可以减缓河水的冲击。

惠济桥建成后，带动了这里的商业贸易发展。辽阔的中原腹地物产丰富，药材、丝绸、烟草、盐业一时间发展迅速，商人们全部会集在此，从这里采购物品再向各地售出。各种各样的新鲜事物应运而生。周边的码头、商户生意兴旺，人来人往。一座桥不仅带动了周边的发展，更是牵动着南来北往的繁荣，联结着国门外的新奇。

惠济桥的政治、经济、商业作用越来越明显，通济渠郑州段所处的荥泽一带，成为全国水陆的交通中枢。走在惠济桥上，从桥面上无数道深深浅浅的车辙痕就能想到，当年惠济桥作为一条商业要道，每日接待众多南来北往的游客商人，河道上的货船也是一艘连着一艘，里面装着来自天南海北的东西。惠济桥是隋唐大运河的塞上咽喉，与当地现存的荥阳故城城址、古荥冶铁遗址、纪信墓及碑刻、荥泽县城隍庙成为郑州宝贵的物质文化遗产。

你知道杜甫诞生窑在郑州哪里吗

从郑州市向东出发，差不多82千米处的巩义市，在唐代晚期，出现了我国著名的现实主义诗人杜甫。他在巩义出生，也在这里度过了自己的少年时代。杜甫诞生窑是他的第一个居住地，从这里出发，开始了他漂泊的一生。

杜甫诞生窑

杜甫诞生窑在巩义市站街镇南瑶湾村。这座古朴美丽的小山村距离巩义市城里10千米，民风淳朴，山清水秀，陶冶了少年杜甫的情操。这里曾经居住过杜甫的曾祖父、祖父、父亲、杜甫一共四代人,据说是他的曾祖父被朝廷征调到此处做县令,举家迁移后在这里长久居住。

曾经的院落在1962年被当地政府下令修缮,成为我们现在可以参观游览的旅游景点"杜甫故里"。杜甫故里是一座长方形院落,主要景点有杜甫纪念馆、杜甫陵园、杜甫墓、杜公祠。走在杜甫故里,从里面的一草一木、整洁的院落里仿佛能感受到他清高的风骨和忧国忧民的情怀。

景区内最具特色的就是诗圣碑林,也就是一座长120米、宽2.5米,汇集了流传最广的杜甫诗作的百米长廊石刻碑。更为难得的是,我国著名书法家启功先生亲自题词,国内外众多著名书法家亲笔碑帖,书法字体包含草书、篆书、楷书、隶书等。古诗的深远意境与书法艺术相结合,二者各有特色,艺术价值珍贵无比。

虽然杜甫在故乡的时间不是很长,但是对家乡的思念之情十分深厚,"月是故乡明"的诗句寄托了在外的游子对家的眷恋。令人遗憾的是,杜甫在游历洞庭湖时遇见河水上涨,逆流而上,忍饥挨饿了十天左右寄居在耒邑。第二年生病死在了岳阳,病故时只有58岁。当时因为没有足够的钱,只能就近安葬。后来过了几十年,杜甫的孙子把爷爷的墓穴迁回故乡后,葬在巩义市老城区康店村西的邙岭上。落叶归根的杜甫长眠于曾经养育他的风水宝地之下,旁边是他两个儿子的墓穴。

现在的陵园占地面积大约34亩,杜甫雕像首先映入眼帘,里面的大门楼、双层亭、吟诗亭、望乡亭、草亭、献殿等都还原了唐晚期的建筑风格,古朴简约,庄严肃穆。整修后的墓穴是周长约72米、高约2米的漏斗状模样,墓穴的前面和后面分别有一个高约2米的石刻,刻着"唐杜少陵先生之墓"和"杜少陵墓"。家乡为了纪念这位伟大的诗人,在陵园里种植了冬青和松柏,整个陵园四季常青、绿树成荫。

杜甫诞生窑作为巩义市的一张文化名片,每年接待数以万计的游客。游客在这里,可以了解一个全面的杜甫,从他的诗句感受文人的才情,结合他的人生经历感受诗人沧桑的内心世界。

程家大院是康熙御赐吗

　　一座城市的历史与风貌藏在历经岁月的建筑里、藏在百姓琐碎的日常中。拨开现代城市的光怪陆离，来到距离城市几百千米之外的洛宁县，一座五宅相连而建的清朝风格的大宅院格外引人注目。这就是赫赫有名的程家大院，很有可能是清朝康熙皇帝御赐。

　　程家大院在洛宁县偏东北方向15千米左右的东宋镇丈庄村，这里绝对是风水宝地。整个大院北边靠山，南边临河，总共占地28亩，分别由五套宅院、一个祠堂、一座绣楼组成。据当地人说，程家大院属于古代家族式联排院落，是古代当地有威望、有实力的大家族才可以住的豪华院落。这种群居方式和生活习俗只在河南西部才有。

程家大院

　　程家大院的宅院分布很有特色，五座大宅院以祖宗祠堂为中轴线，分布在左右两边。因为家族成员众多，辈分高低不同。所以大家根据自己的亲属关系和辈分，分别住在宅院的前院、中院和后院里。这种分布结构，既可以保持家族的联系，也能拥有个人生活的自主性。整个院子用一块块青砖筑起了高耸的院墙，院内威武的石狮子、门前的石鼓、石磉上精美的花卉和飞禽走兽、曲径通幽处的美景都表达着这里曾经的威武和气派。在丈庄村，大部分村民都姓程，他们是北宋理学大家程颢、程颐的后人。这座程家大院就是由程颢、程颐的后人出资修建的，但是具体修建时间不详。

　　据说，程家大院是康熙皇帝御赐的，这到底是怎么回事？程颢、程颐是兄弟，祖籍洛阳，是北宋理学的奠基者，也称"二程"。明朝正德年间，程颐的第十二代孙程仕谦善于经营，是一位成功的商人。除了经营家里的产业，他还特别喜欢读书，经常到登封、伊川等地开学堂向当地没有钱的百姓讲学，后来在洛宁县修建了二程书院。程颢、程颐在世时曾在洛宁县讲学，带着对先祖的尊敬与怀念，第十二代孙程仕谦带着一家老小迁往今天的丈庄村。

到了清代，程颐的很多后人都走上仕途，成了朝廷命官。程懋是程颐的第二十三代孙，为人正直，为官清廉，性格张扬，不愿和官场小人同流合污。后来，被别有用心的同僚告御状，诬陷他贪污受贿生活奢侈，康熙就派钦差查案。

当钦差来到程懋的府邸时，发现情况截然相反。程懋80岁的老母亲还在亲自织布，其他家人吃的饭就是清淡的玉米糊，穿的也是粗布衣服。钦差看完又在当地微服私访，老百姓都说程懋是好官。钦差回到朝堂，向康熙汇报了查案结果。康熙听后，对程懋大加赞赏，下令大臣司不全、刘侯等人快马加鞭来到程懋老家，按照京城官员居住的四合院样式，在丈庄村程家老宅附近修建了五座一模一样、气势雄伟的宅院，供程懋弟兄五人居住。

碧沙岗公园最早是墓园吗

郑州市中原区的碧沙岗公园，占地面积400亩，是郑州市历史最悠久的公园，与郑州市人民公园、郑州市紫荆山公园并称为郑州三大公园。你能想到这座风景优美、景色宜人的公园最早是烈士的墓园吗？

碧沙岗

碧沙岗公园原来叫作碧沙岗墓园，碧是"碧血丹心"的意思，沙是

"血殷黄沙"的意思。这里埋葬着在北伐战争中牺牲的数万英灵。

在郑州以西4千米左右的碧沙岗，其实在修建之前是一块贫瘠的土地，因为长年被风沙侵袭形成了无法耕种的沙丘，一直被荒废。正好因为这片地不是庄稼地，用来修墓园不会影响农民的收成，再加上这里面积够大，可以容纳数量庞大的亡魂，为了纪念那些曾经和自己出生入死的兄弟，冯玉祥下令在这里修建墓园。他的手下军官根据指示，在碧沙岗地区征地400亩，前后经过五个月的修建，碧沙岗墓园完成。

碧沙岗烈士墓园一共由四部分组成，分别是烈士祠、中山公园、烈士公墓和民生公墓。

其中最重要的烈士祠，大约4070平方米，样式沿袭了古代大宗族祠堂风格。这里存放着大量金册、碑记、铜牌等，它们上面镌刻着每一个浴血奋战的战士的名字。中山公园，顾名思义就是以宣传孙中山提出的三民主义而命名的公园。公园内的三座亭子被分别命名为民族、民权、民生亭，除此之外，公园里还有一些水池和石桥分布在亭子周围。烈士公墓当然是碧沙岗烈士墓园的主要区域，里面是数不清的墓碑，每个墓碑之间间隔两米，纵横交织整整齐齐地排列着。一眼望不到头的烈士公墓庄严肃穆，从这些墓碑中我们也可以想象当年北伐战争的惨烈。烈士公墓的后面就是民生公墓，用界石与烈士公墓分隔开。这里安葬的是官兵的家属，只要是能够找到的官兵父母、妻儿、关系亲密的其他亲戚都可以。

碧沙岗公园是中华民族争取自由的历史见证，聂荣臻元帅曾经为纪念碑专门题词"北伐阵亡将士永垂不朽"。中华人民共和国成立后，郑州市政府将烈士墓园改为碧沙岗公园，保护修建后向游人开放。现在的碧沙岗公园内不但历史遗迹保存完好，又在原来的基础上增设了牡丹园、木兰园、沉香园等特色园区五个。此外，园内为达到观赏性和娱乐性兼具的效果，专门修建了热带鱼展览馆、盆景苑、电影室等娱乐设施。这里已成为郑州市民休闲娱乐的标志性去处。

裴李岗遗址是在平整土地时发现的吗

在8000年前的郑州新郑县城偏西方向，有一座不起眼的小山村。中华人民共和国成立后，在这里发现了比仰韶文化更早的新石器时代早期文化，因此这座裴李岗村变得与众不同。在这里

裴李岗遗址

发现的遗址自然被称作裴李岗文化遗址。

裴李岗文化遗址，共占地两万平方米，从发现的墓葬、陶窑、灰坑这些完整的群落，以及零散的石器、骨器、陶纺轮、羊头等艺术品，可以看出来，这里在8000年前已经完全具备了村落生活的元素。

整个遗址由东西两个部分构成。东部主要是村落遗址，整个村落的建筑格局为考古工作者研究新石器时代早期的文明提供了重要参考。而西边就是身份尊贵的氏族的专享墓地了。这个墓穴是边缘不整齐的长方形样子，里面还有很多作为陪葬品的石器和陶器。你也许无法想象，这个遗址的发现竟然也是充满了戏剧性。

大家都知道，仰韶文化遗址的发现早于裴李岗文化遗址的发现。所以，在遍地都是宝贝的古都，农民在平整土地的时候，不知道什么时候就会挖出一些奇奇怪怪的东西。为了抢救仰韶文化遗址，新郑县文物管理委员会专门在当地举办了考古培训班，培训班就设在唐户村。

当时，整个县里在举行大规模的平整土地活动。裴李岗村农民李铁旦在平整自家土地时，先是挖出了一个人骨，看到地里的人骨起初也是吓坏了。后来壮着胆子，在家人的陪同下又挖出了石磨盘、石磨棒和几件陶器。李铁旦赶紧把这一情况反映给了县里的文物管委会。第二天文物工作者来到裴李岗村实地考察，发现了李铁旦的地下及周围应该是一

片墓葬区，里面应该有为数不少的陪葬品，这里很有可能是一处重要的文物遗址。他们当机立断，与裴李岗村干部协商，决定立即暂停平整土地，把这里保护起来开展试掘工作。

最初的试掘工作仅仅发掘了118平方米，就发现了5个灰坑、8座墓葬和几十件石器、陶器及一些骨器、动物遗骨等。第二次发掘工作开始后，又发掘出200多平方米，发现了5个灰坑、1座陶窑，出土石器32件，陶器98件，还有一些动物遗骨。随着挖掘工作的深入，当地文物工作者逐渐认识到，裴李岗文化遗址的意义重大，这里的巨大发现也惊动了远在北京的中国社会科学院考古研究所副所长安志敏。安志敏来到裴李岗村，看到如此巨大的文化遗址，激动万分，在现场指挥挖掘工作并现场授课，使得裴李岗文化遗址保留至今。

天地之中历史建筑群有哪些景点

天地之中历史建筑群，一听这个名字，你应该就知道这个群落景点不是某个单一朝代修建的景点，而是浓缩郑州历代文化精髓的建筑群落。天地之中历史建筑群，分布在登封市周围，建筑包含了汉、魏、唐、宋、元、明、清几个朝代留存下来的著名建筑。它们以河南当地自然风光为依托，展现了中原腹地的巍峨雄伟，成为世界文化遗产。

天地之中

天地之中历史建筑群就像一部微缩了中华5000多年文明的电影，这里集中展现了我们祖先的智慧和建筑审美。天地之中历史建筑群一共有8处11项历史建筑，他们分别是以中岳庙为首的庙宇和以太室阙为首的汉三阙（太室阙、少室阙、启母阙）、嵩岳寺塔、观星台、会善寺、嵩阳书院、少林寺常住院、初祖庵、少林寺塔林等。

◎ **中岳庙和汉三阙**

中岳庙是汉武帝刘彻派人修建的用于祭拜祖先的寺庙。现存寺庙占地面积大约12万平方米，寺庙里的建筑都是清代重修，它是中国五岳之中现存规模最大、最完整的一组古建筑群。阙在古代是用来装饰寺庙的门庭，太室阙与少室阙、启母阙并称中岳汉三阙。汉三阙是我国现存的国家级建筑用阙，从它们身上我们可以看到古人对先祖和祭祀文化的重视。

◎ **嵩岳寺塔**

嵩岳寺塔很好地展现了我国修建古塔的艺术造诣。作为中国目前最早的砖制古塔，嵩岳寺塔塔身高36.78米，在修建时创新采用筒体形式，平面展开是12边形。这项技术的大胆尝试就是在当代，对于建筑美学的参考意义也是十分重大。

◎ **少林寺常住院**

少林寺常住院坐落在少室山的茂密丛林中，所以取名少林寺。一部电影更是让少林功夫名扬海内外。少林功夫最大的特点是以佛家禅宗为基础，同时得到当时王朝政权的大力支持，从而成为我国著名的寺院。

◎ **初祖庵**

初祖庵坐落在一座龟背形山上，与少林寺常住院相对。它是宋代人为纪念佛教禅宗一世祖达摩而修建的纪念建筑。院内游人最多的景点是大殿、千佛阁，大殿后偏东侧是圣公圣母亭、西侧是面壁亭。

◎ **少林寺塔林**

塔林就是埋葬少林寺历代高僧的墓地。目前为止，塔林里一共有古塔228座，它们历经唐、五代、宋、金、元、明、清七个朝代。按照佛教丧葬礼仪，少林寺里的僧人圆寂后，他的弟子会根据师傅生前

少林寺塔林

的佛学地位、佛学修养等情况，建造高矮不一的墓塔，以纪念他的功德。

◎ 会善寺

会善寺最早是北魏孝文帝在皇宫外的行宫，后来到了隋朝，被赐名会善寺。这里最出名的僧人是唐代名僧一行，他当年在寺庙的西山坡上创建了琉璃戒坛，全国受戒的僧人大部分集中在这里。后来这里成为全国僧人三大戒坛之一。

◎ 嵩阳书院

嵩阳书院的建立极大地推动了儒家文化在古代中国的发展。第一批推崇儒家学说的文人墨客曾在这里讲学、举行考试选拔人才、祭祀儒家圣贤。同时，嵩阳书院的建筑风格也是研究我国古代书院建筑最好的范本。

◎ 观星台

观星台由台身和量天尺组成，远远看去高大庄严。作为我国目前唯一保存完好的古天文台，观星台不仅代表了我国天文学的发展成就，而且同时具备使用与观赏功能。观星台的珍贵之处在于它完好地保存了古代圭表测影的实物，我国著名天文学家郭守敬、王恂等在这里经过多年的观测和推算，编制出当时世界上最先进的历法《授时历》。

郑州的人文与自然景观

郑州，一座在黄河母亲的怀抱中孕育而生的古城，一座被近现代历史称为"被火车拉来的城市"，一座被岁月眷顾的城市。

郑州的人文景观

商朝遗址是都城之地吗

商朝带给了人们太多想象，甲骨文、金文到精美的青铜器文化。这是一个神秘的朝代，也是一个繁盛的朝代。

商朝遗址

郑州在3400年之前，叫作隞都，它是商朝中期最重要的都邑。这里是商朝开国的君主成汤建立的亳都。我们从这个遗址上看到的不仅仅是都城，还有商朝的历史与文化。郑州的商朝遗址是中国第一座带有王都性质的遗址，由此可以看出它在整个考古史中的重要地位。

还有一个不得不提的疑问：处在中原地区的郑州（当时是亳都）为什么被选作为商朝都城呢？从地理位置来说，当时的亳都北面是黄河，西面又是嵩山，是非常具有优势的天然军事屏障。南面和东面都是平原，物产丰盈，是都城的天然粮仓。这些优越的自然环境给当时还没成形的商朝打下了坚实的经济基础。在历史上，河南是商姓家族一直居住的地方，这些是亳都作为王都的重要原因。

观星台是古时候的天文台吗

观星台

古代，人们为了指示方向、确定时间和季节，就开始观察各种天文现象。中国古代的人们经过长期观察天文现象并记录，取得了比西方同时期高出很多的成就。

观星台是我国现在还存在的最古老的天文台，距今已经有700年的历史了。在元世祖忽必烈完成统一霸业后，他组织大臣们进行了各个方面的改革，其中就包括了由郭守敬和王恂主持的历法改革。他们不光制作了当时最为先进的天文测量器具，还在各地修建了大量天文台和观测站，郑州观星台就是当时的中心观测站。

此外，周文王的第四个儿子周姬旦在这里修建了一座测景台，这是古代先祖验证四时的仪器。虽是这样说，但其实是为了重修历法，规定四时来巩固刚刚建立的周朝的统治。中国传统的四时春分、夏至、秋分、冬至，就是周姬旦划定的。

从这里，我们可以领略到什么叫作真正的天地之间，气象万千。

北宋皇陵埋葬着七位皇帝吗

五代十国之后，赵匡胤黄袍加身，是为北宋167年历史的开创者。北宋一共传了九位皇帝，除了被金兵掳走惨死在荒漠的宋徽宗和宋钦宗，其余七位皇帝的陵墓都在郑州巩义的北宋皇陵。除此之外，这里还有赵匡胤父亲的坟墓，这也就是为什么这里只有七位皇帝却被人们叫作"七

帝八陵"的原因。我们需要先回顾一下北宋的一些历史，尤其是靖康之变。宋钦宗靖康年间，金兵攻破了北宋首都东京，也就是现在的开封，俘虏了宋徽宗、宋钦宗父子和不少皇族与达官显贵，直接导致了北宋的灭亡。靖康之变后，金兵占领了中原地区，对皇陵进行了掘盗，甚至宋哲宗的尸骨被抛到了荒郊野岭无人问津。金兵对皇陵进行了破坏性的毁灭，在今天都可以看到皇陵的明显塌陷。在民间流传着这样一个故事：在洛阳，有一个朱漆脸，他和同伙在盗取永

北宋皇陵

昌陵时，撬开了皇帝的棺木，看到了保存十分完好的尸体。在尸体之上有一条十分精美的玉带，在朱漆脸解下宋太祖腰带时，一股黑液突然从尸体里喷射出来，溅到了朱漆脸的脸上，他只觉得脸有些痛，并未在意就和同伴退出了陵墓，但他之后怎么也没有洗掉这个黑色，人们干脆叫他朱漆脸。

除了北宋皇帝，还有许多历史名人的坟墓也在这里，像寇准、包拯、赵普等功臣名将，还有高怀德、蔡齐等名人。这里经过几个世纪的盗墓和时间的流逝，已经渐渐斑驳了，只有门前两排静静矗立的石像，历经几千年，饱受风雨。

你知道欧阳修墓里掩含的欧坟烟雨吗

欧阳修是宋代文学史上最有影响力的大家之一，他的盛名一直在文坛中传播着，对北宋文学发展作出了巨大的贡献。欧阳修领导了北宋诗文革新运动，继承并发扬了韩愈的古文理论。《醉翁亭记》中"醉翁之意不在酒，在乎山水之间也"表达了他的旷达；《生查子》中"月上柳梢

头，人约黄昏后"表现了他细腻多情的一面。他为官时秉正恤下，深受百姓敬重，是个当时难得的清官。欧阳修这位真正的大师气度让人心生敬仰。

欧阳修墓

按史书记载，欧阳修于公元1072年在家中逝世。照这个说法，欧阳修的陵墓应该修建在安徽才对，实际情况却不是这样。欧阳修的陵墓位于河南新郑的欧阳寺村，是后来才搬迁到这里。这里是欧阳修家族的墓园，还埋葬了欧阳修的祖母、夫人和他的子嗣。清朝时，欧阳家的后人还在这附近建了一座祠堂。

欧阳修墓园里原来有石碑40多块，还有翠柏参天，风景十分秀丽。欧阳修善于写楷书，受颜真卿的影响较大。苏轼曾这样评价他的书法："欧阳公作字如其人，外若优游，中实刚劲。"苏东坡这句话明白练达地指出了欧阳修的书法面貌，也赞美了欧阳修这个人的精神面貌。欧阳修墓园一片郁郁葱葱，若逢雨后初晴，阳光倾泻，雾气弥漫，像烟似雨，所以被称为"欧坟烟雨"。不过墓园在1958年左右被破坏殆尽，柏树翠竹被砍伐一空，石碑书法等石刻作品被破坏或是被盗窃，流失一空。欧坟烟雨在今天已经难觅踪迹，现在只剩下大殿和东西厢房。

你知道富甲一方的康百万庄园吗

《河洛康家》，这部2012年大红的电视剧讲述了康家主人携子重振家业、报效国家的故事。这部电视剧中，最吸引人的就是偌大一个庄园。其中雕梁画栋、气派石像无不展现了这家主人的财力。从庄园外面看，简直就像一座小皇宫一样。

康百万庄园在清朝修建的时候，康家就已经因为富有远近闻名了。

在庄园十几里开外都是康家的田地，这样康家越来越富有，就继续扩建房屋，形成了现在我们看到的庄园的样子。康百万被称为百万，与八国联军侵华还有关系。1900年，八国联军侵入北京，慈禧太后被迫带着光绪皇帝和一股军队逃离首都，远离战争。行至河南巩义时，这些人弹尽粮绝，追兵又至。在这危难之际，康家主事

康百万庄园

的人及时为慈禧太后送上了100万两银子，解决了皇家的燃眉之急。由此，康家获得了康百万的称谓。康家还同时解决了自己家族可能面对的难题：国家危难，皇族一定大额征税，康家因树大招风，一不留神就可能被皇家满门抄斩，此时给了皇家帮助，康家也能免于一死。

这个庄园的建筑很多，地形复杂，规模宏大，却只有一个可以通往庄园的入口。若是没有熟悉庄园道路的人指引的话，穿行在像迷宫一样的庄园里，极有可能迷路。从庄园外面看这个庄园像是皇宫，并不是没有依据的。他的大门入口可以与古代皇宫大门相媲美，入口有城墙相连，在庄园内有仿照瞭望塔而建的观景台，在上极目远眺，整个湖光山色尽收眼底，可以说是风景绝美。还有不少与民间传说相关的石像在这里都随处可见。

大河村遗址包含了哪四种文化

大河村遗址在1964年被发现于河南，包含了四种文化，即仰韶文化、龙山文化和夏商时期文化，年代长度跨越了3300多年，记载了漫长的历史。大河村的先民们在这里度过了原始社会母系氏族、父系氏族还有商朝的奴隶社会等时期，是郑州这座城市最早的居民。大河村中最为丰富

的就是仰韶文化遗存，这是非常重要的新石器时期彩陶文化。仰韶文化主要分布在黄河中游地区，以仰韶村遗址为代表。仰韶村村名取自仰望、崇敬韶山之意，仰韶村遗址影响十分久远，它向人们展示了氏族制度的社会结构和文化成就。

大河村遗址

在发现的众多历史遗迹中，最为重要的就是保存完好的房屋建筑，这些墙壁之间的木柱和芦苇叶的痕迹清晰可见，当然也少不了文物保护局的功劳。大河村遗址还出土了大量精美完整的彩陶，这些彩陶色彩绚丽、种类繁多、形制奇特，彩陶上还有各种天文图案，像太阳纹、月亮纹、星座纹等，十分精致，对于研究古代生活的社会形态、习俗和制陶艺术有很大意义。除了我国中原地区的四种文化，在这里还发现了属于苗蛮的文化，显示了中华文化强大的包容性，中原文化与邻国文化的交融，也是我国古代文化大融合的有力证据。仰韶文化近乎三千年的历史浓缩在这里，对于研究中华文化也有着重大意义。

三皇寨为何被称为三皇

三皇起源于上古时期的神话传说，实际上也就是在原始社会为部落做出突出贡献的个人，为了纪念他们、表彰功绩，先人们神话了这些有大智慧的人物，把他们虚化为神祇加以供奉，永享祭祀。在一代代的传说中，给这

三皇寨

些人物愈加蒙上了神秘的面纱，这才形成了我们今天看到的民间传说故事。目前主要认为三皇是：伏羲、黄帝、神农，也就是俗称的天地人三皇。

明代的旅行家徐霞客曾有诗云："不到三皇寨，不算少林客。"三皇寨位于河南郑州的登封市，是一个以山为主的风景区，在嵩山少室山西麓。三皇寨山体险峻，是个易守难攻的寨子，普通人爬到山顶要将近三个小时。寨子建得不高，但山路曲曲折折，依山势而建，翻过了一座山，又出现了另一座山，十分消耗体力。有人在此留诗："少室银峰刺蓝天，三皇步道入云端。负重登攀不说难，汗洒青山白云间。"攀登的艰难可见一斑。

通往三皇寨的道路上有十分美丽的景色，特别是秋季，三皇寨四周种满了枫树，"停车坐爱枫林晚，霜叶红于二月花"，层林尽染，山体一派火红的景象。走在这里，身边间或会有缥缈的云雾缭绕，大声说话还会有回音传来，十分空灵的景色令人流连忘返。山顶的巨石很有特色，笔直如竹笋直插云霄，层峦叠嶂，非常气派。山上还有三皇寨禅院、三皇宫、安阳宫等，最惊奇的是山体之中还有一座连天索桥，长约50米，通体蓝色，蔚为壮观。把这里称作嵩山的核心景色也确实并不是夸大其词，嵩山为什么是五岳之一，大概也只有到了这里才会明白吧。

你知道宋明理学发源地嵩阳书院吗

书院是中国古代特有的一种教育组织，在中国古代教育史上占有重要而又独特的地位，具有举足轻重的影响。古时闻名遐迩的书院有四座，并称四大书院，即应天书院、岳麓书院、白鹿洞书院，还有一个就是宋明理学发源地——嵩阳书院。"书院嵩高景最清，石幢犹记故宫名。山色溪声留宿雨，菊香竹韵喜新晴。初来岂得无言别，汉柏阴中句偶成。"接下来我们就去领略古时儒学圣地的文化氛围。

嵩阳书院内环境清幽，古树参天，包括朱熹在内的很多教育家都曾在这座书院里教过书。院内有两棵汉封将军柏，树龄在4500年左右，显得粗壮又威武，是我国少有的古树。这两棵树就是由汉武帝

嵩阳书院

亲自封赏的名号。嵩阳书院依山而建，书院前有逍遥谷流过的溪水和嵩山寺溪水流过，站在嵩阳书院门口一眼望去，抬头可以看见嵩山，低头可以看到登封全景，环境如此优美，确实是个适合读书的好地方。大家都熟知的程门立雪的故事也是在这里发生的。宋明理学既包括宋代的程朱理学，也包括宋明两代的陆王心学，是宋明（包括元及清）时代，占主导地位的儒家哲学思想体系。但是，"存天理，灭人欲"抹杀了人性，不值得提倡。嵩阳书院大门西侧还有一块石碑，这块碑可不得了，全称为"大唐嵩阳观纪圣德盛应以颂碑"，是唐代隶书的代表作。嵩山书院闻名于古代，称于当世，书香气息浓厚，环境优美，来这儿可以体验一下古人的求学环境和心境。

郑州的自然风光

嵩山风景区在古代的地位有多高

《诗经》中有这样一句话："嵩高惟岳，峻极于天。"这是专门写嵩山的，着重表现了嵩山的巍峨崇峻。嵩山高达1500米，最高峰是连天峰，这可以算是中国比较高的山峰了。嵩山是中国五岳之一，通常称为中岳。

嵩山风景区

这里不仅拥有像三皇寨、太室山这样壮阔的自然景观，还同时是十分有名的地质公园，有着丰富的地质资源，像喀斯特地貌等。嵩山地区的岩浆岩、沉积岩和变质岩的出露，构成了中国目前已知的最古老的岩系——登封朵岩。除了大自然对嵩山的雕琢，古代先民对嵩山也有一定程度上的文化熏染，使嵩山成为中华文明的重要发源地，被誉为中原地区第一名山。另外，嵩山上还有天下名刹少林寺、尼姑庵、道教庙宇。嵩山在中国古代的地位很高，曾经有30多位皇帝、150多位文人到过嵩山。公元696年，武则天率领群臣来到了嵩山，中国古代的帝王像秦始皇、汉武帝等都是去泰山封禅，唯独从武则天开始独树一帜，登山封禅不封泰山而是封嵩山。这位女皇曾经十次登上嵩山封禅，在第一次完成封禅之后，就下诏改嵩阳县为登封县。

桃花峪曾是皇家的瓜果庄园吗

《河阴县志》中有记载，"夹岸多桃林，春三月时，花随风转，游人为之目眩"。这几句描写的就是位于风景秀丽的三皇山的桃花峪旅游区。

桃花峪

桃花峪的地理位置十分优越，北面是我们的母亲河——黄河，南面是巍峨的中岳嵩山，整个桃花峪旅游区依山傍水，是块风水宝地，黄河游览区的黄河大观和著名的汉霸二王城都和桃花峪景区连接在一起，游客们可以在这里同时欣赏桃花的柔美和其他景区不同的特色风景，像黄河的奔腾汹涌、汉霸二王城的雄伟古朴等。桃花峪旅游区内因为黄河水的侵蚀，显得沟壑纵横，地貌十分独特，因此在2007年被评为国家级地质公园，也算是名副其实了。据很多资料介绍，上古时期的燧人氏、伏羲氏和神农氏都在这里种庄稼，采草药，向周围的百姓们传授一些耕种或是生活中常用的知识。另外有民间野史称桃花峪是女娲和伏羲年少时玩耍的地方，因此留下了很多灵气，称这个地方为风水宝地。

在2013年，中国邮政发行了一套邮票《桃花》，发行地就在郑州荥阳的桃花峪，这充分展现了桃花峪在风景上的独特之处，想想近十万株桃花在四月竞相开放、争奇斗艳的场面，真是让人迷醉啊。郑州的县志《河阴县志》记载，唐朝时期，桃花峪是专门为皇家提供瓜果的庄园，曾得到武则天的大加赞赏，"三月赏桃花，六月品蟠桃"，这正是对桃花峪的精准定位。又因为桃花峪位于黄河的分界点，悬河的起源地，所以这里是观赏黄河风貌的最佳场所。

洞林寺是中原四大寺之一吗

在郑州市区西南方向的金三角地区，有一座湖泊静静地流动着，灌溉这周围的土地，洞林湖又被称为寺河，这似乎让人觉得诧异：这一个小小的湖泊，为什么会有这样的名字呢？原因就是湖旁边的一座千年古刹——洞林寺。

洞林寺

达摩祖师在南北朝时来到中国传教，在中原地区建立了"天中三林"，在少林寺、竹林寺和洞林寺中，洞林寺的名声在明朝达到了顶峰：明太祖朱元璋在当皇帝之前出家当过一段时间的和尚，他出家的地点就是荥阳市的洞林寺，所以在明朝稳固后，对洞林寺有颇多重视，朝廷经常派一些大臣来到洞林寺进行一些祭祀。明朝的藩王周靖王死后，也被葬在了这个地方。由此之后，洞林寺也就成为寻常百姓平时烧香祭拜的地方。在洞林寺内还有著名的"洞林三景"：白玉佛、焚金炉和洞林晚钟，来到洞林寺的游客大多都会选择仔细欣赏这景致。寺庙里有一个古洞，源自明朝。当时朱元璋当上皇帝之后，就下了一道御旨，在洞林寺建造一尊白玉佛，各大能工巧匠精心赶制，用料是最好的白玉石，这尊白玉佛是南天日光菩萨。另外一个景点洞林晚钟则是葬在这里的藩王周靖王让当时寺庙的住持明伦建造的，既然叫作晚钟，那么这个大钟都是在暮时响起，钟声飘扬如云，十分空灵。最后一个焚金炉也是器宇轩昂，周围有蟠云龙，气派不凡，在国内外享有很高的声誉。在洞林湖边有一个十几亩的樱桃园，在观赏完洞林寺、洞林湖后，也可以到这里来品尝鲜美的樱桃。

你知道伏羲山大峡谷吗

在郑州西南古城新密市的一片山区，坐落着伏羲山大峡谷崎岖伟岸的身姿，这儿虽然不是很大，但却连绵不绝，它就是伏羲山区，曾是人文始祖伏羲女娲的主要活动地区，是中华民族文明的起源。

伏羲大峡谷

这是一处有着典型的红岩嶂谷群地质地貌的景区，主要特点为峡谷险峻，终年泉水不断。在以前，这座山被称作浮戏山，经过张振犁先生的考证，"伏羲"和"浮戏"的意思是一样的，只是在历史发展过程中，慢慢被人们理解错了。根据《山海经》记载："泉水欹危，映带左右，晨起伏而凭之，烟霞弥漫，万顷茫然，峰峦尽露其巅，烟移峰动，如众鸟浮水而戏……天下奇观也。"就凭这部在古代被誉为文人智力第一题的上古奇书，伏羲山的地位和优美景色也不需要我们过多表述，相信去游览过的游客一定会觉得不虚此行。

在伏羲山区中，最吸引游人目光的就是横跨整个伏羲山的伏羲山大峡谷。这里的泉水连年不断，冲洗着山下巨大的岩石，使它变得十分光滑。在这里，游客可以体验到从山间滑落的泉水浴。峡谷两边有峭立的大块岩石，在岩石上有天然形成的石梯，上面绘制着各种各样的花鸟鱼虫和人物的图像，栩栩如生。峡谷内植被茂盛，奇石林立，在峡谷上方有一座关于伏羲文化的走廊，详细地讲述了伏羲文化的形成和传播过程。在伏羲山景区内，还有国内第一座玻璃栈桥，游客们可以大胆尝试。

你知道少室三十六峰吗

宋朝的文学家楼异曾专门写过一篇《少室山三十六峰赋》来赞美少室山独一无二的景色："伊浮云之公子兮，访道于林丘而栖身于岩谷。超然有游方之志兮，乃东升于岱顶而西谒于华麓。虽衡阳之南兮，与

少室三十六峰

夫恒山之北。靡不穷探历践兮，游心而骋目。独怡然而忘归兮，内欣然而自足。"少室山东面十三峰，最先迎接朝霞的是迎霞峰，产草药的山叫作药堂峰，白道峰山上有一个白道人洞。南面有十一座山，这些山连在一起和古人戴的忠靖冠有许多相似之处，所以这些山在宋朝时有"冠山"的称谓，西面则有十二座山峰。这三十六座山峰交相掩映，团团相簇，十分壮观。若是站在山峰的南面向北望去，整个景区的山峰层层叠叠，就像一层层莲花的花瓣一般，因此"少室若莲"的名号就这样被叫开了，住在这景区附近的人们都叫它"九顶莲花山"。

夏禹的第二任妻子以及他第一任妻子涂山氏的妹妹就居住在这个地方，人们在山下建了一个寺庙——少姨庙，偶来祭祀这位古代伟大君王的妻子，所以说这座山被称为"少室山"，而位于嵩山景区内的太室山则是夏禹的第一任妻子涂山氏去世的地方。少室山地势险峻，攀登十分艰难，因此是众多背包客必登的一座山峰。在少室山上有一道宽一米的石缝，沿着这个石缝，有人工穿凿的铁环和钢丝，顺着这些步道攀登，体验来自少室山的险峻雄伟，云雾在身边缠绕，就像置身仙境一样。但是徒手攀登很危险，没有经验的游客不要轻易尝试。在少室山南麓有嵩山七十二寺之一——少室寺，古代称"弘化寺"。

你知道岳山寺里的"古刹钟声"吗

清朝的著名诗人沈荃曾经写过一首诗:"古刹山河里,秋光处处寻,云鸣团野色,石磴逼梵音,日映昙花影,风吹贝叶林,大雄演法外,晚树带归禽。"这个寺庙是明清时期的建筑,荥泽有八景,岳山寺就是其中景色之一。

岳山寺位于郑州黄河风景名胜区。从黄河景区的南大门进入景区,一抬头就能看到,十分醒目。在岳山的两座峭壁之间有一座卧虹桥横跨而过,桥下公路上人来人往、车水马龙。在桥的两端有两座牌楼静静地守护着这座桥。一个牌楼上写着"春风拂我腾云过,秋山迎宾驾雾行",楹额是"纵行云上",另一个牌楼上则写着"有志当行云中路,无胆且看天上人",楹额是"人在天中"。写这两副楹联的人对这座桥有很精准的定位。昔日的黄河古渡就在岳山寺的下面,现在已经建成了铁路大桥,十分繁华。1990年,为了纪念在抗日战争中牺牲的士兵,政府部门在岳山修建了一所报国亭,来纪念这些抗日英雄们。岳山景区还有一处景点是游客必去的地方,那就是毛泽东坐像。在两座山峰之间的长桥可以直接通往另一边的毛泽东坐像。在1952年,毛泽东登上岳山景区中的小顶山上凝望奔腾不息的黄河,毛泽东发出了"要把黄河的事情办好"的伟大号召。困扰沿岸百姓很长时间的黄河水也开始了治理活动。每到薄暮时分,岳山景区方圆数十里都能听到来自岳山主峰飞凤岭上的钟声。飞凤岭上有一座三层的建筑浮天阁,顶阁就是闻名远近的"古刹钟声"的古钟,古朴大气。

你知道星海湖景区是因谁而起的名字吗

《黄河大合唱》这部交响乐展现了抗日战争中人民英勇不屈反抗侵略

者的斗争事迹，反映了中华民族的团结一心、不畏强暴的精神。这部著名的交响乐是由有"人民音乐家"之称的冼星海和他的搭档光未然合作完成的。当时冼星海正坐在行驶在波涛汹涌的黄河之上的小船上，听着奔腾不息的黄河水拍打岩石的声音和船夫激动人心的号子声，冼星海不禁豪情万丈，心潮起伏，迸发了创作灵感。在郑州黄河风景名胜区内的五龙峰下，有一座星海湖景区，正是为了纪念这位伟大的音乐家冼星海而命名的。

星海湖

　　星海湖景区风光迷人，道路宽阔平坦，在湖的两岸有依依垂柳，还有不少的假山奇石，还有供游人累了稍做休息的地方。在湖水中，人可以欣赏黄河水在这里由黄变清，湖水青黄相接的奇景，这两种景象完美地交融呈现在一片相比于黄河来说显得微不足道的星海湖里，这不得不让人感慨大自然的奇妙。黄河素有"险、悬、荡、浊、阔"的特点，在星海湖景区的外围是黄河外滩景区，在这里可以近身感受到黄河的气势磅礴与它滋养万民的胸怀。黄河水在这里由"引黄入郑"工程流入郑州，持续不断地滋养着这座著名古都。在星海湖景区附近，还修建有中原地区面积最大的孔雀养殖基地，饲养了许多蓝孔雀、白孔雀。在这里，不仅可以近距离观赏，还可以和孔雀进行亲密互动，给孔雀投食，与它们进行合影等。另外还可以在沙滩上体验骑马活动，在滔滔黄河边骑马漫步，想来也是别有一番风味。

郑州的美食与特产

　　民以食为天，食物对于人们的重要性不言而喻。外出游玩的人，每到一处地方总是急着寻找当地的美食，津津有味地品尝一番。而自从央视的纪录片《舌尖上的中国》播出后，更是掀起了一番寻找各地美食特产的风潮。生活在郑州地区的人民，发挥他们的聪明才智，运用当地的食材，制作出了胡辣汤、桶子鸡、糖醋软熘鲤鱼焙面、不翻汤等美食。

　　除了美食以外，让外地游客心心念念的还有郑州当地各式各样的特产：绚烂多姿的唐三彩，惟妙惟肖的汴绣，朱仙镇的木版年画，造型奇特的泥泥狗……郑州的特产简直不可胜数。

郑州的美食

胡辣汤如何在河南落地生根

对于胡辣汤，河南人有着特殊的情感。早上喝，中午喝，现在还有24小时售卖的。面对开满街头的大大小小的胡辣汤店，到底哪一家才是最正宗的？哪一家店才是最传统的？虽然众口难调，各有各的心头爱，但是胡辣汤绝对不是表面看起来那么简单，也不是随便用粉芡和调料就能勾兑出来的。

胡辣汤

从可以找到的资料来看，胡辣汤由汉代胡辣羹演化而来的说法最为可信。张骞出使西域后，胡人的各种原料渐入中原，其中，胡椒以其较姜、花椒更为强烈的芳香和辛辣，在调羹中有灭腥去膻、增鲜提香的功用，且食用后对身体有温中、下气、消痰、解毒的功效而日渐风行。由于这种辣是张骞从胡人处得到的胡椒而来，因此被称为"胡辣"，而这种胡辣味的羹就被称作"胡辣羹"。

但是汉代长安的胡辣羹为什么单单在河南落户生根，并成为代表性的饮食呢？究其原因，除了跟个人口味有关外，跟河南的气候、地理环境也有关。河南地处中原，四季分明，冬天寒冷干燥，夏季湿气大，因此亲水重羹；再加上胡辣汤暖胃、驱寒、祛湿，所以，胡辣汤才会被河南人接受、喜欢，进而在全省范围内得以推广。

胡辣汤有牛羊肉之分，汤中只有牛肉（羊肉）、粉条、面筋、黄花菜等。汤汁散落在黄花菜中，疏密有度，黏而不稠；粉条是软滑的，但滑而不散，入口即化。汤的主要口味是酸和辣，汤里滚出来的酸味可以入到肺和肝里，辣味则是从胡椒中散发出来，清香而渐进，透着一股辛味。喝一碗下肚，只觉得一股暖流从胸腹直到肌肤毛孔，汗也出得畅快淋漓。

当地人喝汤的理念是：看起来清清爽爽的一碗汤，细品之下，清香的汤中透着辛和辣，鲜而透彻。一碗汤下肚，不麻不刺激，然而过几分钟后，那淡淡的辛香味便开始弥散在口中、胃里，良久不觉，喝完汤走二里地，打个饱嗝胡椒味才出来的汤，才是好汤。

桶子鸡的制作奥秘是什么

外地人一般对于老郑州的桶子鸡情结有些不太理解，"这么耐嚼的鸡肉，得多费牙口啊"！但所有吃过正宗桶子鸡的人，对于桶子鸡的味道，都是赞不绝口："确实香啊，香得都可以满地找牙去，而且是越嚼越香。"

桶子鸡

这就是郑州桶子鸡的魅力——在你不经意间，悄悄征服你的胃。而征服你胃的香，除了选料（用生长2～3年胸脯挂油的嫩母鸡为主料）、

扒膛造型（要用高粱秆做架支撑鸡体，用高粱秆把鸡的下腹部塞满），以及烹煮的时间、火候外，最重要的还有煮桶子鸡的陈年老汤。

提到制汤，自然要从首创桶子鸡的百年老字号马豫兴鸡鸭店说起。据老字号"马豫兴"的后人之一马世伟介绍，祖上传下来的陈年老汤至少有百年历史了，与郑州更是有一段不解之缘。

"马豫兴"最早在开封就已经有30多家作坊，1954年河南省会由开封迁至郑州，为了响应政府提倡扩大"马豫兴"规模的号召，马世伟的父亲带着师兄弟挑了一罐汤来到郑州。据说，马豫兴桶子鸡使用的老汤，是祖上一代代传下来的。原料必须使用上好的老母鸡，油大，一斤母鸡煮熟后会出三两油和水。所以马豫兴桶子鸡除了祖上第一次煮桶子鸡加水之外，以后都是靠母鸡本身出的油和水做汤煮鸡，这也是正宗马豫兴桶子鸡即使在夏季也不易变质的原因。所以，这汤就成了马家的传家宝，掌门人卸任前都会把一锅老汤分成几份传给后人。

老汤、老字号果然很受欢迎，"马豫兴"分店在德化街开得热火朝天。直到1956年，"马豫兴"郑州分店被政府公私合营，马世伟的父亲也因为开封30多家作坊被打成右派。"马豫兴"也被封了门。虽然被打成了右派，但倔强的父亲始终把那一罐汤视为命根子。在一个月黑风高的夜晚，老父亲瞒着所有人，偷偷把那罐汤埋在了单位的院子里。

1978年，马世伟的父亲被平反，摘掉了右派的帽子，成分由资本家改为城市平民。不久，国家开始恢复老字号，"马豫兴"被列在其中。于是，马世伟的父亲选了一个好日子，带着马世伟郑重地挖出了被埋在地下十几年的那罐老汤。沉寂了十几年的桶子鸡因为老汤的浸润复活了。

饭菜正不正点，先看汤，汤是基础。桶子鸡好不好吃、正不正宗，也是同样的道理：看汤。汤好，味儿才好。

葛记焖饼的由来

葛记焖饼是京都老字号葛记坛子肉焖饼馆独家经营的一种风味食品。这道曾获得过"郑州名小吃"称号的美食，是用饼牙和特制的坛子肉加青菜焖制而成。

葛记焖饼

尝过这道菜的食客们都对它赞赏有加。其饼是用软面烙成千层饼，放凉后切成帘子棍形备用；坛子肉选用带皮五花猪肉，切成2厘米见方的方块，先放入锅内添水煮开，撇去浮沫杂质，捞出肉块装入坛内，下足8种香料，外加香腐乳，倒入肉汤封口，大火烧开后，改用文火慢炖，煨至烂熟。据说开坛时浓香四溢，过往行人闻到香味纷纷停下脚步不愿离开，素有"开坛香"之美称。焖饼时，锅内用青菜铺底，放上饼条和坛子肉，加高汤稍焖即成。这道菜肉香醇厚，肥而不腻，其饼柔软适口，老少皆宜。焖饼时配菜除用豆芽外，更多是用四季鲜菜，如蒜薹、小白菜、四季梅、茭白等。焖饼用的汤，除猪肉汤外，还用鸡汤、鸭骨汤，因此焖出的饼软香不腻，鲜美爽口。

那么，这道菜到底是怎么来的呢？葛记焖饼馆的创始人葛明惠先生，是清朝人，生于1882年，他10岁左右来到北京珂王府做事，给王爷赶车。由于他勤快好学，颇得王爷的欣赏，闲暇时常到王府膳食房帮厨。久而久之，葛明惠越来越喜欢研究厨艺，在王府大厨的指导下也有几样拿得出手的看家菜。当时，王府中有一种主食千层饼，还有一种菜叫坛子肉。有一天，王爷回到府中，感到腹中饥饿，命膳食房赶快准备饭菜。葛明惠得到大厨的同意便越俎代庖，用坛子肉为王爷焖了一盘饼，在饼

老郑州记忆
带着文化游名城

128

中加入了当季的青菜，又用榨菜、香菜末做了一碗汤。饼软肉香，清汤爽口，王爷大加赞赏。

民国初年，战乱纷纷，王府也受到影响，葛明惠带着两个儿子来到河南谋生，危难中想起被王爷大加赞赏的坛子肉焖饼，于是，经朋友帮忙在郑州火车站附近开了坛子肉焖饼馆。葛明惠亲自下厨，两个儿子打下手。中华人民共和国成立后，葛明惠和他的次子先后去世，长子葛去祥继续经营，他继承发扬了父亲的烹饪技术，使烹制的坛子肉一开坛便香气四溢，经其多年苦心经营，使葛记焖饼成为闻名遐迩的风味小吃。

糖醋软熘鲤鱼焙面与慈禧有何渊源

老郑州人待客，必定要到地道的老店吃一道地道的糖醋软熘鲤鱼焙面。这道菜从开封一路流传，成为全郑州乃至全河南人舌尖上不可或缺的美食。

糖醋软熘鲤鱼焙面

这道菜的吃法很有讲究，要先吃鱼，然后以焙面蘸汁入口，讲究的话叫作"先食龙肉、再食龙须"，后来干脆直接将焙好的面覆盖在鱼上，如同锦鳞盖被。据说20世纪70年代初，尼克松率团访华时吃过这道菜，翻译将它译为"鲤鱼盖被子"，倒也颇合其意。

熘鱼和焙面搭配成菜，仅有百余年的历史，但两个菜品的历史却很悠久。糖醋软熘鲤鱼是由宋代的宋嫂鱼羹和煎鱼演变而来的，金元时期称为"醋鱼"，明代称为"醋搂鱼"，清末采用"软熘"和"烘汁熘"技法，史称"糖醋软熘鲤鱼"。焙面又称"龙须面"。明清时期，每年农历二月二龙抬头，街坊邻居用龙须面（细面条）相互馈赠，以示吉祥。龙须面原为煮制，烧卤汁食用。熘鱼焙面制作技艺独特，同时使用软熘和烘汁熘，唯河南独有，以"活汁"著名。所谓"活汁"，有两种解释：一是熘鱼的汁，要达到翻出泡花的程度，称作汁要烘活；二是因为吃过熘鱼之后，要把鱼汁重新烘制，再加入焙面和（huò，搅入的意思）好一起食用，所以重新焙制的鱼汁也被称为"活汁"。焙面干燥酥脆易于收汁，吃起来酥香适口。

1900年，清光绪皇帝和慈禧太后为逃避八国联军，曾在开封停留。其间恰逢慈禧66岁生日。相传，开封巡抚衙门为她祝寿，尝试将龙须面与熘鱼搭配，改为焙制，称为"焙面"。光绪和慈禧太后食后，连声称赞。光绪称之"古都一佳肴"，慈禧高兴地说"膳后忘返"，并以"熘鱼出何处，中原古汴梁"一联赐给开封府以示表彰。1930年前后，有开封名师最早将用油炸过的龙须面，盖在做好的糖醋熘鱼上面，创作了糖醋熘鱼带焙面名菜，深受顾客欢迎。这道菜将二者合而为一，既可食鱼，又可以面蘸汁，故别有风味。其后，该菜逐渐传开，名满河南。

糖醋软熘鲤鱼焙面看似简单，但熬糖醋汁的技巧、软熘鱼的火候功夫、拉面的水准、炸面的松脆程度，都是考量一个厨师合格与否的标准。百余年来，郑州历代烹饪大师们从小学艺，都要跟着师傅学做这道河南省第一批非物质文化遗产名录里的名菜。这是基本功，所以，这道菜除了河南厨师或者从河南走出去的厨师能做得好以外，在其他地方吃到的可能都不是那个味儿。

你知道郑州被称为"烩面之城"吗

郑州号称"烩面之城"，烩面馆遍布全市的华街冷巷。外地人来到郑州，首先想到的便是尝一尝地道的烩面；本地人款待亲朋的保留菜式也是香浓的烩面。烩面按配料不同可分为：羊肉烩面、牛肉烩面、三鲜烩

面、五鲜烩面等。

郑州的烩面与洛阳的水席、开封的包子并称河南的三大名小吃。合记烩面差不多是郑州的饮食标志。作为一种荤、素、汤、菜、饭兼有的传统风味小吃，以味道鲜美、经济实惠而享誉中原。合记烩面厚度如百合瓣，外滑内韧。

烩面

烩面的面是用优质高筋面粉，兑以适量盐碱用温开水和成比饺子面还软的面团，反复揉搓，使其筋韧，放置一段时间，再擀成四指宽、20公分长的面片，同时外边抹上植物油，一片片码好，用塑料纸覆上备用。汤是用上等嫩羊肉、露出中间骨髓的羊骨一起煮5个小时以上，先用大火猛滚再用小火煲，其间下七八味中药，骨头油都熬出来了，煲出来的汤白白亮亮，犹如牛乳一样，所以又有人叫白汤。辅料有海带丝、豆腐丝、粉条、香菜、鹌鹑蛋、海参、鱿鱼等，上桌时再外带香菜、辣椒油、糖蒜等小碟。不管哪个季节，一碗烩面下肚，真是满足了人们的口腹之欲，身心舒坦。

合记的前身是老乡亲饭店，因是合伙经营，就改名为合记饭店。1967年起专门经营羊肉烩面，改名为"合记烩面馆"，俗称合记。据说，合记羊肉烩面是飞机轰炸出来的美食。抗战时期，日军飞机经常空袭郑州，当时有一位名厨叫赵荣光，特别喜欢吃面食。飞机来了，赵师傅就去躲飞机，回来后，就把剩下的面条加点羊肉汤烩烩再吃。久而久之，赵师傅发现重新烩过的面也很好吃，就潜心研究，在面粉里面放些盐、碱，使面更筋道，做出的面别有一番风味。烩面出锅时，再配以黄花菜、木耳、粉条。上桌时外带香菜、辣椒油、糖蒜等小碟，其味更鲜，后来就成了风靡郑州、家家户户有口皆碑的佳肴，外地人也经常慕名前来品尝。

做好"炸八块"的关键是什么

炸八块，又名八块鸡，是河南省传统名菜，属豫菜系。它由童子鸡、鸡肝、淀粉（蚕豆）等食材烹制而成。本地菜馆颇有韵味的"干搂炸酱不要芡，一只鸡子剁八瓣"的响堂报菜语，后半句就是指炸八块这道菜。相传清

炸八块

乾隆皇帝巡视河道留驻开封时品尝过后大加赞赏。炸八块由此闻名于世，至今已有近200年的历史。19世纪20年代，经开封又一新饭庄厨师刘庚莲等人的改进和提高，风味更佳。

炸八块的选料十分讲究，这也是决定这道菜口感是否上乘的关键所在。一般重约750克的净仔鸡最好，再配以比例严格的花椒盐、辣酱油、绍酒、姜汁、精盐、花生、酱油腌制入味。然后将初加工后的仔鸡洗净，去头颈和内脏，加工成八块放入盆内。

一道菜成功的秘诀，一半是食材本身的功劳，另一半就是厨师的功底和严谨的制作工艺了。炸八块的关键在于火候的掌握，当地厨师把火候的考验叫作"顿火"，也称"浆透"。把炒锅放在旺火上，下入花生油，烧至六成热时下入鸡块，炸成金黄色，起锅顿火，使鸡块在油中浆至肉能离骨捞出，锅再放旺火上，油温至七八成热时，将鸡块复炸，至色泽红亮时捞在盘内，外带花椒盐、辣酱油上桌。

为防止在炸制过程中出现外焦、里生、硬心，或温度过高导致肉质老化，厨师们对油温的细微变化都十分敏感，特别注意要在原料加热到一定温度时，将锅快速端离火口，停一会儿待温度降低后再端至

火上，如此反复加热，才能保证使鸡肉熟透而不老化。只有这样，端上桌的炸八块才能同时达到炸浆并重，色泽红亮，外脆里嫩，入口酥脆的体验。

传说中的"不翻汤"是什么

在郑州的南大街上，老高家汤馆经营的就是传说中的"不翻汤"。用小勺舀些鸡蛋豆糊面往平底锅里一倒，摊成一张类似煎饼的薄片，不用翻个儿就熟，所以叫"不翻"。

不翻汤

值得一说的是，商业街上的老高家不翻汤，不仅是外地游客吃，赶在饭点儿，还总见本地人拿着锅、盆来这里端汤。于是，丽景门、南大街忽然就不再是生硬的旅游景点，而是多了些生活气息，有了一丝人情味和亲和力。

不翻汤将两张晶莹翠绿的不翻饼叠着放进碗里，舀些滚烫的骨头汤浇在上面，那骨头汤里有粉条、黄花菜、海带、韭菜、虾皮、肉、油炸豆腐丝、鸭血、紫菜等，看起来疏密有度，黏而不稠。那汤喝着有点像素胡辣汤的味道，还有一股肉汤的厚重绵长，再加上汤中清香而渐进的胡椒的辛味。

在郑州，所有汤馆都配有发面油旋、烧饼、方饼、油酥锅盔或者切得像面条一样的薄饼等主食，有的汤馆还配有焦炸丸子、豆腐皮等，荤汤的价格均视汤中肉的多寡而定，多的是3元、5元到20元一碗不等。更有趣的是，一碗汤喝完要是还嫌不够，那就随便添，免费的。也就是说，加肉添钱，加汤免费。加汤免费这个规矩，并不是一家汤馆的规矩，而是城里所有汤馆从古至今留下来的不成文的规矩。

人情留一线，日后好相见。这个中国人最朴素的生活哲学在这里体现得淋漓尽致。由于这个厚道规矩，在老郑州城的汤馆中，过去经常会出现这样的情景：买一碗汤再喝上三四碗免费肉汤，直到彻底喝饱再走，完全不用考虑汤馆随时会攮人。不管是汤馆老板还是跑堂的，也都习以为常，因为他们认为这样喝汤的客人不是做苦力的，就是家里经济条件不太好的，大家都是不得已才为之。

在追求旅游经济指数不断攀升的今天，一座城市的商业行为中还在整体延续着祖宗留下来的某种厚道规矩，真的显得稀缺而珍贵。

"鲤鱼三吃"是指哪三吃

郑州有道名菜叫鲤鱼三吃。从前鲤鱼号称黄河鲤鱼，饭馆买回来必须在清水池里面养两三天，让鱼把土腥味吐干净，才可以捞出来下锅。一鱼三吃指的是一半干吃，一半糖醋瓦块，头尾加杂萝卜丝还能做汤。最有意思的是把糖醋汁拌一窝线面条吃，河南人真是吃什么都离不开面啊！

黄河鲤鱼历史悠久，源远流长。早在春秋时代就有名气，历史上曾作为贡品上供朝廷。郑州黄河鲤鱼的特点：金鳞赤尾，色彩艳丽，外形美观，肉质细腻，营养丰富，俗称铜头铁尾豆腐腰。黄河鲤鱼从外观上就跟其他鲤鱼不同，黄河鲤

鲤鱼三吃

鱼的头、身、鳍全是金白色，稍微发黄，不青带红，特别是鱼尾部分，红色里透黄，所以也称"红尾鲤鱼"。红尾鲤鱼四根胡须两长两短，普通的鲤鱼嘴上只有两根胡须，而且是没有这么漂亮的。用油干炸后的黄河

鲤鱼，鱼嘴是张而不闭的，味道也跟一般的鲤鱼有很大差别。河南一些地方答谢"媒人"时，总是会选择"红尾鲤鱼"，算是最上乘的待客礼仪。

我们再说烹调。第一吃：烧鲤鱼。将鱼洗净处理好后，在鱼身两侧由头至尾，平行斜拉成间隔一指宽的刀口，用少许料酒、酱油腌制。旺火烧油至七成热，将鱼下锅炸至鱼皮变硬时，倒入漏勺。锅内留少许底油，下配料加料酒、醋、酱油、糖、鱼，烧上色添汤，在小火上慢煨10分钟，见汤汁浓稠时移旺火上收汁，翻勺装盘。这样做出来的鱼，蛋白质的利用率高达90%以上，且鱼肉松软，易于消化吸收和利用。

第二吃：炸鱼皮。平时容易被忽视的鱼皮竟也有大用处。将鱼皮用刀切成5厘米长、2.5厘米宽的片，放在碗内，加入少许绍酒、精盐、味精、葱末拌匀腌制。再将鸡蛋磕入碗内，去蛋黄留蛋清，加适量淀粉和少量清水调成蛋糊。炒锅置火上烧热，加入色拉油烧至五成热，将腌好的鱼皮挂上蛋糊逐片放入油锅内，用筷子划散，待炸至微黄色时捞出，装在盘内，撒上椒盐、葱末，四周摆上香菜叶，即可上桌。看似不起眼的鱼皮，入口酥脆，胶质丰富。

第三吃：熘鱼片。制作鱼片时，要按照鱼自身的纹理斜刀切片，保证每片肉厚度均匀，薄而透光。将鱼肉放入碗中，用盐、料酒略腌备用；再用番茄酱、醋、白糖、酱油、水淀粉加适量清水调成味汁。当油烧至六成热时，将鱼片裹上味汁，逐片放入锅中，炸至金黄色捞出、沥油。最后原锅留底油加热，加入剩余的味汁烧开，倒入鱼片，翻炒均匀即可。

若是在黄河大堤上找个农家乐，鱼皮蘸醋吃更有风味，让农家开船在黄河上遛一圈，喝上点小酒更是别有一番滋味。

什么是怪包子和大梁包子

郑州的美食和开封永远有着说不清的历史渊源，最早的皇城古都里流传出来的美味，在迁都中也一并在郑州遍地开花，滋养着这方水土上的人们。

郑州最著名的包子也都出在开封，20世纪30年代，开封老城曾发生过两起和包子有关的食坛怪事。

当时，开封市相国寺西角门内，戏院对面，有一家专门卖油炸包子的饭铺。发面肉包子头天蒸熟后，第二天放入油锅内炸好再卖。油炸包子，外焦里嫩，肉香可口，让一些老开封人现在回想起来都垂涎欲滴。

大梁包子

碰巧的是，升封市财神殿街北口还有一家专门卖剩包子的。死面素馅（粉条、韭菜、鸡蛋、虾米馅），多是头天下午或者夜间蒸好的，第二天热了再卖。与油炸包子相同的是，剩包子卖完了，新蒸的包子却不卖。这种剩包子在不加保鲜剂的情况下不酸不馊，而且还味道鲜美，惹得不少本地人不买新鲜的包子，专门来买这家的剩包子。可惜的是，抗战结束后，这两家以卖怪包子出名的包子铺再也不开张了。

到了20世纪90年代，一家藏在胡同里的大梁包子被人发现，并逐渐得到当地人的认可。据说，每天一大早太阳刚刚照过街头，大梁包子铺门前就已经排好了长长的队伍。和小笼包子的小巧不同，大梁包子个头贼大，肉包子一块五毛钱一个，菜包子一块钱一个，显得厚道

郑州的美食与特产

实在。

肉包子以纯猪肉馅为主，也最受欢迎。包子皮松松软软，肉馅则紧致抱团，鲜香浓郁，且皮薄馅厚；素包子不仅有韭菜鸡蛋粉条的，还有虾皮香菇、白菜等以时令蔬菜为主的其他几种馅料。每一个包子都是货真价实又味美鲜香，难怪这种接地气的小吃会成为当地人最喜欢的小吃。

除了包子，大梁包子铺还有八宝粥等粥品，与包子一样，碗奇大，碗里的料更实惠。两块钱一大碗的八宝粥熬得黏黏稠稠的，花生、大枣、糯米、薏米仁等食材每一口都能吃得着。就这样，一口包子就一口粥，用当地人的话说：吃得舒坦又实在，一天都有精神头儿。

羊双肠最早的由来是什么

羊双肠

"羊双肠"又叫"羊双肠汤"，属于豫宴之一，作为流传百年的美味，是用羊的大肠和小肠一起熬制而成的。据老一辈当地人讲，过去卖羊双肠的大都没有固定的摊位，都是会做饭的手艺人为了生计，担着挑子沿街叫卖，担子的前边放着用劈柴燃烧的小炉子，炉子的上面放着熬汤的小深兜锅，担子的后边放着事先熬好的老汤、肠子和碗筷。中华人民共和国成立后卖羊双肠的才有了固定的摊位。

羊双肠汤这种传统风味小吃。它首创于何时？说法不一，但它的炮制祖师却真真切切的是当地一家牛、羊屠宰场的穷苦帮工。他每天起早摸黑，又是抬牛又是背羊，为场主劳碌一天，得到的赏赐仅仅是一盆牛、羊下水。揣着这些动物内脏回家，他是一肚子苦水不知道向谁说。后来，为了家里面的味道小一些，就自己动手把大肠里外翻开，小肠用剪刀剪开，一遍遍冲呀洗呀，洗干净后的大小肠也没有他刚拿回家时又难看又难闻了。

他干了一天活又吃不饱，回家后只能煮这些大小肠来充饥。后来煮了几次，发现大小肠配着煮沸的高汤，加些佐料，竟然不仅能填饱肚子，味道还不错，干活也有劲了。后来，就自然而然地沿街叫卖自己不经意做出来的这碗汤了。

这帮工每天把肠子煮熟后，就挑起汤锅、碗筷，从凌晨开始早早地沿街叫卖。一两个铜钱一大碗，佐料有咸盐、辣椒面，汤可随意添。因沸腾的汤色如霜降，又称羊霜肠。顾客全是当年起早打工的穷苦师傅和半工半读的穷学生们。看似普通却能温暖身心的羊双肠汤，凭借自己赶早和廉价的优势，成为风味独特的郑州小吃。

羊双肠营养丰富，后来也逐渐进入百姓家的厨房。先把羊的大小肠洗净，灌以羊血煮制熟后切成半寸长，与胎胞羊、羊腰、羊肠一起入锅再煮，煮到汤色红、白、绿相间，醇香无膻，汤鲜肉美。著名相声演员马季曾在郑州尝过这道羊双肠后赞不绝口，还戏称"天下第一"。

博爱水席与洛阳水席有何不同

郑州作为河南的省会，既有自身独有的历史人文特色，也兼容并蓄着周边各个城市的繁荣兴盛。到河南当然要尝一尝当地人宴客的水席。除了洛阳水席，你知道博爱水席吗？它与洛阳水席又有什么不同？

博爱水席

博爱水席其实就是流传于古怀庆府地区的一种地区特色鲜明的宴席，

现在在民间仍十分流行，其他县区则相对弱化。博爱水席以汤水见长，二十四道菜，八盘、八小碗、八大碗，有一套严格的上菜程序，不得随意更改。上菜时，先冷后热，荤素间隔，一般先上八个凉菜为下酒菜，跟着上八小碗佐酒，后上八大碗解酒配饭食，最后一道是鸡蛋汤。菜品一道道上，吃一道换一道，二十四道菜全部上齐，如行云流水，所以称水席或者三八席。博爱水席从上菜程序和菜品安排上，反映出了怀川大地的礼仪文化和风俗习惯，蕴含着怀川深厚的传统文化与博大精深的饮食文化。

同样是水席，洛阳水席以酸辣为主，而博爱三八席则以温润见长。从八盘凉菜到八小碗热菜，再到八大碗热菜，道道菜品的特点都是不麻不辣不刺激，平和中透着温良的气度，温润中有种低调的自信。除了八个冷盘外，博爱三八席中的八小碗、八大碗，道道带汤水。对于博爱这种以汤水为主的菜，有些外地人认为是抠门的表现，但在博爱人心中，汤却是菜品制胜的关键。甚至为了体现汤的重要性，博爱还流传着"水席不水、高汤为主，穷菜富汤"的说法。老博爱人吃三八席，汤喝好了，喝舒坦了，才说席吃好了。

还有一点和洛阳水席"素菜荤做"不同的是，博爱水席讲究荤素搭配，以炖为主。博爱水席的高汤是以牛骨、猪脊骨以及鸡架熬制的，根据菜品的不同，熬汤时间也不同。比如熘肝汤需要浓汤，用的就是熬制四个小时左右的高汤；烩白丸需要的是清汤，就需要在高汤的基础上用小火再煲三个小时。

博爱人对汤品的讲究说白了就是对古老制汤理念的传承与尊重。不用刺激的调料，利用各类食材的特性互补，利用火候的不同，熬制出不同的汤品，制作出软硬不同的食物，在五味杂陈中体现平衡和谐的状态，一如兼容并蓄的郑州古城。

粉浆面条是如何流传至今的

　　夜市美食是每个城市的一张名片，从夜市里用心制作小吃的商贩、熙熙攘攘的游客、加班后来此加餐的上班族身上，都可以感受到这座城市的温度。夜市就是城市的深夜食堂，售卖的小吃物美价廉，粉浆面条就是一道古往今来都很受欢迎的小吃。

粉浆面条

　　相传，东汉年间，光武帝刘秀为躲避王莽追杀，多日来忍饥挨饿，躲在追兵不易发现的乡野山间。有一天深夜，刘秀来到洛阳附近，实在饿得心慌腿软，见到一户人家还点着灯，就想去讨些饭吃。可是这家也是穷得揭不开锅，只有几把干面条和一些已经放酸的豌豆磨的浆水。主人只能把面条、菜叶、杂豆下入锅内烧熟，然后倒上酸浆水让刘秀凑合着吃。刘秀饿得狼吞虎咽，竟然觉得人间美味也不过如此，吃得身心舒坦，多日来的疲惫也一扫而光。后来刘秀当了皇帝，虽然每天都能吃到各种山珍海味，却依然对当年落难中的浆面条念念不忘，以至于御宴中就有了粉浆面条这道菜。

　　经过数百年的改良，颜值与味道兼具的粉浆面条最终成为郑州人餐桌上一道老少皆宜的美食。粉浆面条，就是以杂粮细面条为主料，再配上决定这道菜成败的粉浆，上桌时加一些时令小菜丰富口感。最重要的步骤就是做浆，先把绿豆或豌豆用水浸泡，豆子膨胀后用清水洗净放在石磨上磨成粗浆，然后用纱布过滤去渣放在盆中或罐里发酵。一两天后，浆水发酵变酸，粉浆就做好了。等到要吃的时候，把酸浆倒在锅里煮至80℃，浆水的表层泛起一层白沫，这时要用勺子轻轻打浆，浆沫消失后，

浆体就变得细腻光滑，接着再下面条等即可。

　　粉浆面条的吃法也是非常讲究的，以前的配菜基本都是黄豆、芹菜、咸菜丝老三样，但现在基本上都是十几种时令小菜，像酸白菜丁、黄瓜丁、芹菜丁、胡萝卜丁、白萝卜丁、小尖椒、榨菜丝、雪菜丁、黄豆等，店家把这些小菜提前腌制好，入了味的小菜配上刚出锅的粉浆面条，酸辣适度，爽口的汤水配上超弹的面条，老少皆宜。粉浆面条制作简单，成本低，味道美，易于消化，因而自古以来流传不衰，成为颇具地方特色的美食。

老字号京都老蔡记

　　老字号的店铺，能够在竞争日益激烈的商业环境下生存至今，肯定有自己的优势。老字号店铺始终秉持对食物的敬畏之心，坚持传统的工艺，在新环境中创新摸索，一点点赢得食客们的信任。

　　京都老蔡记就是这样一家老字号店铺，郑州人提起它满是骄傲。京都老蔡记总店位于郑州二七广场德化街口，闯出名堂的招牌菜是鲜肉馄饨和蒸饺。

　　京都老蔡记的创始人蔡士俊先生是河南长垣人，清朝末期他曾在皇宫里帮厨。辛亥革命爆发后，蔡士俊为了生计离开皇宫，在北京前门外开了一家饭馆，专门经营蒸饺、馄饨，后来举家迁往郑州。

京都老蔡记

　　1919年，蔡老先生在郑州西二街开办京都老蔡记馄饨馆。1922年，蔡先生的儿子蔡永泉正式随父学艺，在父子俩的诚信经营下，馄饨馆的生意慢慢红火起来。1949年京都老蔡记馄饨馆迁往德化街。

京都老蔡记的招牌菜是"松针蒸饺",严格遵循祖传手艺制作,面粉必须采用精磨粉,擀好的皮煮出来才会晶莹透亮,能够看到里面的肉馅和肉汁,素有"玻璃馄饨"的美称。同样要求严格的就是肉馅的选料与制作,肉馅的肥瘦比例必须是1∶2,手工剁碎释放出肉里的胶质,加水用筷子不停地搅打,最后12斤肉要加一斤半香油搅拌均匀,才能保证肉的软弹鲜香。

晶莹透亮的薄面皮配上手工搅打的肉馅,再捏成12到13个柳叶褶的弯月形状,才可上笼蒸熟。所以蔡记蒸饺不仅造型美观,更是皮薄馅足、汤香肉香,吃起来回味无穷。

由于京都老蔡记几十年如一日,传承传统手艺,不为眼前的蝇头小利放弃原则,才会有人人传诵的"出门百步外,余香留口中"的赞誉。

正宗的道口烧鸡是什么样

道口烧鸡已经有300多年的历史了,创始人叫张炳。最早他在道口镇大集街开了个小烧鸡店,因为烹饪不得要领,做出来的烧鸡很柴,基本没有顾客。有一天,他的一位老朋友前来探访,这次探访改变了张炳的命运,更是让道口烧鸡成为享誉中国的美食。

道口烧鸡

原来,这位老友曾经是皇宫御厨,不仅烹饪经验丰富,而且见解独到,自己琢磨创新的菜式经常受到嘉奖。两人久别重逢,当然相谈甚欢。说着说着,张炳告诉他自己的苦恼,向他求教如何才能把烧鸡做得好吃。

朋友也是倾囊相助,告诉他一个秘方:"要想烧鸡香,八料加老汤。"八料就是陈皮、肉桂、豆蔻、良姜、丁香、砂仁、草果和白芷八种佐料;

老汤就是煮鸡的陈汤。每煮一锅鸡，必须加上头锅的老汤，越老越好。张炳如法炮制，做出的烧鸡果然香。

自从张炳听了朋友的建议，改良后的烧鸡肉质软烂香滑，鸡皮酥脆，一时间街头巷尾的人们都慕名而来。道口烧鸡的牌子打响以后，张炳反复实践，在选鸡、宰杀、撑型、烹煮、用汤、火候等方面，摸索出一套经验。选鸡要选两年以内的嫩鸡，以保证鸡肉质量。

选好料后，最关键的就是配料和烹煮。首先将炸好的鸡放在锅里，兑上老汤，配好佐料，用武火煮沸，再用文火慢煮。烧鸡的造型更是一大特色，要用一段高粱秆把鸡撑开，形成两头尖尖的半圆形，别致美观。张炳的烧鸡技术历代相传，始终保持独特的风味，被称为"四绝"。

人们喜爱道口烧鸡，是因为它酥香软烂、咸淡适口、肥而不腻。这些特点说起来容易，但做起来就比较困难了。光是煮鸡这一道程序，就需要花上3至5个小时，再加上火候的调整，制作技术要求很高。做好的烧鸡不需刀切，用手轻轻一抖，骨和鸡肉自动分离。

开花馍的由来

开花馍的名字是根据它的外形而来，因为蒸熟的开花馍像极了含苞待放的花朵，才叫作开花馍。暄软清甜的口感、栩栩如生的外形都是这道面食的特点。在节日的餐桌上，都少不了寓意吉祥的开花馍。

据说，明太祖朱元璋特别喜欢吃开花馍，有一天下旨御膳房做一些，但是御厨们也是伤透了脑筋，不知道皇上说的开花馍什么样。等了一阵的朱元璋越来越饿，小太监也难为情地向他报告："没有开花馍，御厨们没见过也不会做。"又饿又气的朱元璋破口大骂御厨，说他们真是没用。后来只好请出尊贵的皇后娘娘马秀英来到御膳房，亲自教御厨们做了这道开花馍，自此，宫中御宴才有了开花馍。

当了皇帝的朱元璋什么没吃过，为何对开花馍情有独钟？原来，朱元璋小时候家境贫寒，为了躲避饥荒，和母亲从安徽来到山西长子县慈林山一带。他在白员外家当仆役时，常帮厨房马师傅的女儿马秀英烧火打杂。时间一长，两人情投意合，马秀英经常偷偷地取点好吃的给朱元璋，朱元璋最喜欢吃开花馍。

后来朱元璋和马秀英一同加入了郭子兴的部队，马秀英凭借一手好厨艺成了一名随军炊厨，朱元璋则成了一名骁勇的战士。每当朱元璋打胜仗回来，马秀英就亲自蒸上开花馍慰劳朱元璋。

开花馍

开花馍不仅朱元璋爱吃，他的儿子朱模也喜欢吃。不过那个时候的开花馍是用白玉茭面做的，蒸出来的开花馍顶部要用红色素点一红点，当时被百姓称之为点心。中华人民共和国成立后，长治地区因为白玉茭产量低，慢慢就用面粉代替了白玉茭面蒸开花馍。

想要做出外形美观、口感暄软香甜的开花馍，并不是一件简单的事。首先要用精细的面粉，和好后两次发酵，再加碱水揉匀、揉透，用大火蒸20分钟。无论是面粉的选择，揉面发酵的软硬程度，还是蒸馍的火候，出一点差错，蒸出的馍都开不了花。要想成功地蒸出开花馍，必须要少加水和酵母，加白糖多次和面上劲，再大火高温蒸制，馍才会开出美丽的花瓣，吃起来才会又软又甜。

郑州的特产

唐三彩的窑场是在郑州吗

瓷器作为中国的文化符号之一，从古丝绸之路走向世界，向世界展示着上下五千年文明古国深厚的文化底蕴。唐三彩凭借自身饱满纯正的色泽、多种多样的色彩，闻名世界。

唐三彩，以它绚烂多姿的釉色在中国陶瓷史上占有重要地位，每每提起都被当作一颗耀眼的明珠。唐三彩这种瓷器类型并不是只有三种颜色，而是以黄、绿、褐（或红、绿、白）为主要颜色，在烧制过程中，高温使各种颜色的铅釉发生奇妙的化学反应，在火光和高温里催化出浓淡的层次或巧妙地交织在一起，形成绚丽多彩的色釉。

人们发现的时间最久、规模最大的唐三彩窑址在郑州巩义市大小黄冶村。经过千年的

唐三彩

埋藏，这里的地层堆积厚度4米左右，最深的有6米以上。展示的遗址陈列品中，隋唐盛世的绚丽多彩、宋元王朝的典雅精致均全部呈现。

窑炉、作坊、淘洗池、沉淀池、陈腐池、水井、道路、墓葬、灰沟和灰坑等被发现的遗址，就是当时制作唐三彩的工序，也说明了这里就是唐三彩的生产窑址。这里不仅发现了唐三彩，还有幸发现了一大批完整和较完整的白釉、黑釉、黄釉瓷器标本，让人不可思议的是，在当时的生产条件下如何能够烧制工艺如此精美的瓷器，同时也为研究唐朝开元贡白瓷提供了佐证。

唐三彩瓷器，就像它的名字一样，是盛唐开放包容的浓缩展示，应用在生活中的各个方面。装饰家居、吃饭饮茶、赠送朋友的首选都是唐三彩，它的造型、装饰、烧制工艺无不体现了东方的文化审美与人文智慧。

汴洛铁路与唐三彩有什么关系

清朝末期修建的汴洛铁路以郑县车站为起点，东西绵延，全长183千米。唐三彩创烧于隋末，中唐时期达到兴盛。这两个跨越千年又不同属性的行业，为什么会有关系？这种关系又为唐三彩的发现做出怎样的贡献？

其实，唐三彩能够被发现，从沉睡千年的泥土中再次破土而出，离不开汴洛铁路的修建。也就是说，在1907年修建铁路时，工人无意间挖出的殉葬品，后来被文物工作者反复论证，才发现它的艺术价值，也使得消失千年的制作工艺重现。

当时，巩县至洛阳段的铁路施工队和往常一样干着活。突然，有几个人从地下的土堆里挖出了很多古董，有仕女、侍从、骆驼、马、罐、炉、镇墓兽等。这些东西在地下不知道埋藏了多少年，一个个栩栩如生、活灵活现。工人们也都放下手里的活，围在一起看热闹。他们也不会想到，自己挖出来的竟然是国家的珍宝唐三彩，更不会想到唐三彩在国内外得到了众多收藏者的热爱。当时有些工人还觉得，这些殉葬品是死人用的，对活人不吉利，觉得晦气，就随意把它们丢在一旁的土堆里。

一时间，"汴洛铁路挖出了很多没见过的殉葬品"这一消息传到了十里八乡，当地文物工作者听说后立即前往当地勘测。后来这些文物被带回北京，经考古专家反复研究论证，认定出土的墓穴是唐墓，这些以黄、褐、绿为基本釉色的彩陶工艺品和生活用具也是当时生产的。后来这些黄、褐、绿为主要釉色的彩陶工艺品被人们称作"唐三彩"。

巩县附近能挖出唐三彩陶器，是因为巩县的北边就是邙山与黄河，历史上很多朝代的古墓都在这里。再加上，巩县便捷的水路交通，黄冶河一带丰富的白色高岭土和大量的煤炭资源，都为烧制唐三彩提供了条件。所以，在这里建立生产唐三彩的作坊、窑炉有天时地利。那么，修建汴洛铁路时能从巩县附近挖掘出大量古墓就是再自然不过的事情了。

汴绣的发展历史是怎样的

汴绣最早是皇家的御用绣品，一般百姓没有实力也不允许使用汴绣。在宋朝，皇宫专门设立文绣院，从全国挑选了三百多名绣娘，在皇宫内专门为皇帝、王妃、朝廷大臣绣制服饰、官帽、官靴等。

技术最好的绣娘就是皇帝的御用绣娘，只负责绣制皇帝一人的服饰。其他的前朝大臣与后宫妃子根据职位高低使用相应的绣品，十分严格，所以汴绣也被誉为"宫廷绣"。当时皇帝的龙袍，官员的朝服、乌纱帽、朝靴都是宋朝刺绣精品。

汴绣

当时开封作为北宋的首都，各种物质资源都很丰富。汴绣作为手工业的主要代表，发展迅速，与苏绣、湘绣、粤绣、蜀绣合称为中国五大名绣。北宋灭亡后，南宋把首都迁到临安（如今的杭州），大批优秀的工匠也就来到了南方。而原来的北方官绣，因为政治原因和战乱水灾，地位不像原来那么高了。好多绣娘从皇宫里出来，使宋绣流落到了民间。就这样，汴绣在南北方如细雨一般发展起来。

你根本想不到，一根小小的针再加上细如发的丝线，在能工巧匠的手中能够勾勒出无数惟妙惟肖、让人叹为观止的绣品。汴绣吸收其他绣种的优点，又保留着河南民间刺绣的乡土特点，并在此基础上创新了大量针法，形成了自己的风格。汴绣里的花鸟虫鱼飞禽走兽因为借鉴了苏绣细腻的特点而活灵活现，名山胜水借鉴了粤绣明快豪放的特点而壮阔磅礴。

汴绣的艺术价值离不开书画艺术的熏陶与滋养。很多本来就是传世之宝的书画作品，通过汴绣，成为河南甚至全国的文化宝藏。就像《清明上河图》，原作本就细致生动地描绘了北宋繁荣的生活景象，汴绣通过针法与色彩的转换，把这幅图景表现得更加生动。

到了中华人民共和国成立初期，汴绣的使用逐渐广泛，为了继承宋代这一传统工艺，1954年冬，开封成立了由7人组成的汴绣合作组，这便是当今开封汴绣厂的前身。

朱仙镇的特色有哪些

朱仙镇是中国四大古镇之一，提到这里，不仅有岳飞英勇抗金的事迹值得人们颂扬，还有被评为国家级非物质文化遗产的木版年画，就是特色小吃五香茶干也十分受游客的欢迎。

岳飞作为保家卫国的武将，多次拯救宋朝于危难之中，把他比喻为宋朝的守护神一点不为过。就像朱仙镇木版年画一样，刻画最多的就是门神。

门神形象中，大家最喜欢的就是秦琼和尉迟敬德两位武将。各式各样的木版年画中，两位武将都是生龙活虎、威风凛凛的样子。有的骑马挥舞鞭子，有的身穿铠甲站立门前，有的提大刀吓退敌人……除了这两位门神，其他文武门神也很受欢迎。文门神有五子、九莲灯、福禄寿等，武门神一般都是戏曲中的忠臣义士和各类英雄好汉。

朱仙镇木版年画采用简洁勾勒的手法表现人物，一般放大人物头像，用夸张的表情、饱满的构图再配上黑、黄、红、丹、绿、紫六种主要颜色来表现栩栩如生的故事。一幅好的木版年画，要做到左右对称、人物活灵活现、色泽透亮。

这些来自民间的木版年画反映了人们对美好生活的希望：希望来年可以风调雨顺、庄稼有个好收成。商人祈祷能够赚钱，文人祈祷可以考取功名，女子祈祷可以家庭和睦、人丁兴旺。这些木版年画，就是在今天也很受欢迎。

朱仙镇木版年画在宋朝空前兴盛是有原因的。北宋初年，首都东京是全国大都市，各地能工巧匠都来这里谋求发展，想在这座繁华的都市赚一桶金。再加上北宋取消了夜禁，从白天到晚上，各种商业活动如雨后春笋一般出现。再加上活字印刷术的发明，使得年画也由人工画转向刻板印刷，生产效率大大提高。当时制作售卖木版年画的民间作坊遍布京城，就连宋室宫廷也主持开办年画作坊。据载，当时朱仙镇从事这一行业的有三百余家，可以看出，木版年画在当时已经成为朱仙镇的支柱产业。

虽然北宋末期，金兵侵犯中原，人民生活动荡，大量年画艺人流落江南。但是到了明清时期，朱仙镇凭借水上交通的便利优势，再次成为中原的商业重镇，木版年画再次崛起，这项工艺也被当地手艺人发扬光大，传承至今。

泥泥狗到底是什么

泥泥狗是用淮阳泥手工捏制的工艺品，虽然叫作泥泥狗，但是造型不仅包含狗，还有各种造型可以挑选。来到淮阳的游客，在游玩了太昊陵和龙湖后，都会买几件泥泥狗带回去。

泥泥狗根据造型可以分为小泥鳖、小中板、娃娃头、大花货四种类型。制作泥泥狗，先把泥捏成想要的造型，晾晒—淘洗—晾晒，最后染色。第一遍先把造型全身染上黑色，等到黑色干透之后再用红、白、黄、粉等颜色，勾勒出色块区域，然后再把每一块区域涂好。

泥泥狗

泥泥狗的名字很有讲究，也体现了这种工艺品的特点。第一个"泥"字，表示制作工艺，手工揉出想要的造型。第二个"泥"字，说明工艺品的原料，要选用上等胶泥。而这个"狗"字，意思就要深刻很多。当地所有关于泥

泥狗的传说中，这里的狗最先被人文始祖伏羲驯服，具有法力，被用来为当地人看家护院、保护牲畜，所以玩具以狗为总称。

当地人相信的说法是，泥泥狗是伏羲留在民间的神迹，是捍卫伏羲陵的守护神。从"伏"字的结构可以看出，左边一个人和右边一个狗组成"伏"，伏羲氏极有可能把狗作为了部落的图腾。关于泥泥狗的由来，在当地还有一个普遍的传说。那就是，泥泥狗是伏羲始祖留在人间的神迹，在当地人们遭受百年不遇的特大旱灾时，显灵救了他们。有一年，数月的旱灾导致庄稼坏死，大家辛辛苦苦一年的收成瞬间化为泡影。

就在大家六神无主的时候，一天晚上突然乌云密布，雨点像豆子一样噼里啪啦砸在村庄里。等到第二天雨停了，大家跑出来一看，庄稼全部死而复生，活力十足。当地人都认为昨天夜里是人文始祖伏羲显灵，派泥泥狗来拯救这里的人民。所以，慢慢地人们就把对生活的美好憧憬用泥捏成狗的形状，用来祈求风调雨顺，慢慢地就演变成了今天的泥泥狗。

你了解驻马店非物质文化遗产烙画艺术吗

吴文彦老人是烙画吴氏第四代传人，也是驻马店非物质文化遗产传承人。据吴文彦老人介绍，他的曾祖父是清末时期的一个民间艺人，他的爷爷和爸爸都继承了烙画手艺，他是第四代传人。

烙画艺术

老人说，自己小时候就很喜欢画画，不管是山水还是人物，临摹的和原画作基本相似。爷爷看他有画画的天赋，就让他开始学做烙画，说他天生就是吃这碗饭的。刚开始学烙画的时候，因为控制不好温度，经常一幅画这边颜色深那边颜色浅，有些地方还被烫破了，每当这时候心情就很沮丧。为了克服这个缺点，他就在木板和葫芦上一遍又一遍地练习，有时候入神到忘记了时间，一抬眼白天早已变成了黑夜。就是这样的坚持，慢慢地，吴文彦摸索出了烙画的温度与绘画技巧，可以恰到好处地下笔着力。经他手完成的作品，主次分明、虚实结合，成为烙画艺术的代表作。

老人告诉我们，烙画在古代称为"火针刺绣"，现在叫作"火笔画"或者"烫画"，可以作画的材料有竹木、宣纸、丝绢等。工匠在这些材料上，使用调好温度的火笔作画。因为火笔作画不使用任何化学颜料，而是通过温度将炭化的痕迹烙在材料上，所以无毒无味，是一种很环保的工艺品。使用不同温度描绘画卷的不同部分，深浅不一的色泽可以使烙画达到浮雕的立体效果。线条简洁、笔法流畅的烙画，寥寥数笔勾勒出活灵活现的飞禽走兽，描绘人物也很传神。

为了不让烙画失传，老人多次来到南阳、天津等地学习。经过多年研究，吴文彦老人在烙画原来的工艺基础上，创新探索出了"煊色加淡彩"的表现手法，同时把作画的材料范围从木板、葫芦发展扩大到宣纸、丝绢等。这些轻薄的材料无疑增加了作画的难度，对温度的控制、下笔的干净利落、专注力都有很高的要求。烙画就是在他的传承与守护下，逐渐被人欣赏，成为河南具有代表性的民间艺术品，也成为馈赠国际友人的重要礼品。

牡丹瓷"二乔"有着怎样的故事

牡丹雍容华贵、娇艳欲滴，深得大家喜爱。但是花无百日红，再美丽名贵的花朵也无法永久开放。幸好，洛阳牡丹瓷的出现，以陶瓷烧制这种方式，创造出了"永不凋谢的牡丹花"。

洛阳牡丹瓷的主角当然是国色天香的牡丹花，每到花开的季节，洛阳城人潮涌动，大家都前去观赏美丽的牡丹花海。从隋朝就开始栽培的洛阳牡丹，有红、白、粉、黄、紫、蓝、绿、黑及复色，颜色丰富艳丽，品种多样，代表了人们希望富贵吉祥的美好愿望。

洛阳牡丹一共有九个色系，最有名也最有特点的就是第九色系。

第九色系是复色系，顾名思义，就是一朵牡丹花有两种或两种以上颜色。而复色系的洛阳牡丹中，著名的品种"二乔"还有一个美好的传说。

说到二乔，"东风不与周郎便，铜雀春深锁二乔"的诗句立即浮现在脑海，东汉末年的绝色美女大乔与小乔，是否和牡丹花中的二乔有关系？

牡丹瓷

二乔姐妹天生聪慧，又长得貌似天仙，当地不少名门望族都想娶她们。大家都知道，大小乔后来分别嫁给了孙策与周瑜，她们与孙策、周瑜的相识在当地也有一个和牡丹花有关的传说。

据说，当年孙策、周瑜顺利攻占皖城后，在当地安营扎寨休整军队。听说城里有一对姐妹堪称绝色美人，两人决定一同前往看看美人究竟长什么样。第二天，两人换上书生的衣服来到集市，发现一个卖牡丹花的摊位被围得水泄不通，就好奇地往前凑。正好卖花的姑娘就是二乔姐妹，孙策、周瑜看见两姐妹，也是眼前一亮，见过了大世面的两个人也挪不动脚了。

只见一个姑娘端庄文静，另一个姑娘活泼妩媚，二人一动一静，笑靥如花，真是人间美景。两姐妹见两位书生站在自己面前发呆，也是见怪不怪了，小乔轻声细语眉眼一笑："两位先生，买花吗？"周瑜激动地说："买，买，这些我们都要了！"

回到营中，孙策、周瑜派人打听好二乔的住处，备上聘礼前去乔家提亲。他们来到乔家看见院中栽了许多牡丹，孙策认得其中还有洛阳红，就对二乔的父亲乔玄说："您的两个女儿，就像牡丹一样美，我们二人也是天下英雄，您的女儿跟了我们肯定大富大贵，希望同意这桩婚事。"

没想到乔玄竟然拒绝，说两个女儿福薄，只想嫁个本地后生，安稳过个小日子就行。

恼怒的周瑜呵斥道："我俩堂堂将军还不如本地后生？来人！将乔家姐妹带走！"大小乔被强行带走，当晚孙策、周瑜摆酒和将士们庆功，大小乔一出现，一帮大老爷们眼睛都直了。

面对这大阵仗，两姐妹也是镇定自若，主动为将士们献舞。乐声一起，大乔和小乔翩然起舞，两人的长裙上瞬间开出两朵硕大的牡丹花，一红一白，美丽鲜艳。在一片喝彩声中，她俩越舞越快，绣在长裙上的牡丹花，一朵一朵飘落下来，变成了真牡丹。

大家看得不亦乐乎，突然"嘣"的一声，琴弦断了，再一看，大小乔早已不见！孙策、周瑜也是大吃一惊，孙策对周瑜说道："看来这两姐妹果然和平常人不一样，能在我们眼皮底下逃走，也是有些本事的。我们应该按着礼法，向她们提亲。"孙策、周瑜只好再次上门提亲，二乔果然在家。孙策和周瑜向两位姑娘道歉，最终抱得美人归。

故事肯定有传奇和夸张的地方，但是历史上大小乔确是倾国倾城的美人。

禹州钧瓷是因为曹操而更加有名吗

  说到"挟天子以令诸侯"，大家都会想到曹操。那么，被曹操选中的许都，也就是今天的许昌，在当时有什么优势可以代替首都洛阳，让汉室天子屈尊下榻？

  东汉建安元年，曹操扩建了许都。许都包括内城和外城两部分。内城就是汉献帝和王妃们居住的地方；外城分配给文武官员们居住。内城被外城包围，外城的面积是内城的五倍。

  曹操选取许都代替洛阳，是经过深思熟虑的。曹操征战在外，必须选一个地方可以让自己随时掌控城里的消息，同时也不会把自己放在政治斗争的中心，那么许都就是最佳选择。许都在嵩山的东南边，北边200里就是黄河；

禹州钧瓷

向西北300里途经禹州、登封，最后能到达洛阳。这样的地理位置，对于曹操控制天子掌握主动权十分有利。

  迁都许都不仅对政治有好处，就是文化艺术也空前繁荣了起来。禹州神垕镇在许都西北边几百里，出土了独有的禹州钧瓷。在禹州市一共发现了150处左右的钧瓷窑址，经过专家的评判，不同朝代在这里开窑烧瓷的作坊就有260座左右。东汉末年战乱不断，而禹州就像一座世外桃源一样，创造出被称为国宝的钧瓷。

  首创于东汉的钧瓷，最著名的艺术特色是"窑变"。窑变就是钧瓷制品在送入窑洞前的时候看不出任何色彩，只有泥土的原色。当这些泥土的工艺品在窑内炉火的高温淬炼下，形成炫目的色彩和饱满的光泽。

到了唐代，神垕镇一带已经成为生产钧瓷的聚集地；到了北宋，钧瓷的艺术地位再次提高，随着钧瓷制作工艺的进步，这里生产的钧瓷制品造型古朴，釉色多彩，图案千变万化。宋徽宗年间，禹州钧瓷被定为宫廷御用珍品，官府在这里设置官窑，专门为宫廷烧制贡瓷。

宋徽宗对钧瓷的喜爱，使得它从民间艺术品晋升为皇家御用品，成为中国五大名瓷之首。

政府的大力支持使得钧窑艺术空前发展，神垕镇也成为全国最大的钧瓷烧制中心。

根据记载，不管是纷争不断的东汉，还是盛世繁华的隋唐，或是民间手工业空前发展的宋朝，禹州每年都要向皇宫进贡几百件最精美的钧瓷。同一批生产出来的官窑，有瑕疵的全部打碎。所以从那时起，流传着"纵有家财万贯，不如钧瓷一件"的说法。不管是王宫贵族，还是文人商贾，都以能够收藏上乘的钧瓷为骄傲。

郑州的名人故居与民间趣闻

郑州大地人杰地灵，英雄辈出，历史上许多赫赫有名的文士豪杰都出生于此或在这里居住过一段时间，郑州城中因此留下了许多名人的故居，其中最有名的莫过于黄帝故里了。中国人自诩为炎黄子孙，即炎帝和黄帝的后人。据记载，我们的祖先之一黄帝就出生和成长于郑州地区。

除了炎黄故里，被称为一代诗圣的杜甫和大文豪苏轼的子孙在郑州也都有各自的故居。近代的名人中，一代英雄董天知将军的故居和豫剧大师常香玉前辈的居处也都坐落在郑州城中。

郑州的名人故居

杜甫故居蕴含了怎样的诗韵

在中国几千年的历史中，唐代的杜甫有诗圣的美誉，更是其中最为璀璨的明星之一。我们接下来将走进杜甫故里，了解杜甫出生和成长的地方到底有着怎样的诗韵。

杜甫立像

从小我们背诵着杜甫的诗长大，从"两个黄鹂鸣翠柳，一行白鹭上青天"到"朱门酒肉臭，路有冻死骨"，再到"车辚辚，马萧萧，行人弓箭各在腰"，一首首脍炙人口的诗篇使我们乐于去追求真善美。进入杜甫故居后，便有一座青铜制作的杜甫立像，立像后，就是相传杜甫幼时玩耍的泗河水。故居靠山，这笔架山有一孔窑洞，据传杜甫就是在这窑洞里出生的。在这小小一方窑洞，不知当时杜甫是吟哦作诗还是点灯夜读呢？而这笔架山，极像一个放大了的笔架，荒凉，寂寞。尽管杜甫在故乡的时间不长，但是他一生始终怀念着家乡，给我们留下了不少怀乡的著名诗句，比如："露从今夜白，月是故乡明。""秋风楚竹冷，夜雪巩梅春。"无论身在何方，杜甫始终遥望这片生他养他的热土。不幸的是，在经历了安史之乱后，杜甫穷困潦倒，最终病死在驶向家乡的一叶扁舟上。"亲朋无一字，老病有孤舟。"但杜甫大庇天下寒士的爱国惜才情怀永远留存。这便是杜甫故居留给我们的永存的诗意——爱国向善。

郭家大院将是郑州最后的四合院吗

在紫荆山路和书院路的交叉处，有一座古宅静静地矗立着，那就是郭家大院。郭家大院由青砖墙体制成，翘角飞檐，古香古色的建筑看起来气势恢宏。这座建筑在清朝建成，是郭姓人创建并世代使用的。这座精美绝伦的古宅，现在仅存的是"书院幽荷"游园的一部分。大院的西墙和南墙已经被拆除，使四合院显得空空荡荡，院中房顶上的瓦砾裂缝中已经稀稀疏疏地长出了小草，墙壁也被雨水侵蚀，露出了青灰色的内墙，这里的一切都显示出这将是最后的院落。所以说，郭家大院将成为郑州最后的四合院并不是没有道理。大院里至今还有几户人家，他们对这里的一草一木都有了感情。

郭家大院

郭家大院虽被称为大院，但其实规模并不大。它是郑州老街区的重要组成建筑，这里有居民的记忆，也有历史变迁的记忆。

至于郭家大院为何不像其他院落在中心修建大门，其中还有一段故事：大院最初的大门建在中央，为了能多住些人，或者说是一种美好的愿景，希望能够子孙满堂。大门在1910年初移至东侧，但不幸的是，郭家有数人还未长大就夭折了，就把大门移到了现在的位置。

历史的延续需要我们做出努力，文化的传承也需要在一辈辈人努力。郭家大院能否在城市的发展过程中得以留存，仍需要我们的不懈努力。

你知道刘寨明清古建筑群吗

在新密，如果要问哪里可以领略前人高超的建造智慧，那一定非刘

刘寨古建筑群

寨古建筑群莫属。这里，我们不仅可以看到蓬勃大气的高楼大门，前人那好善乐施的古道热肠也会浸润着我们。

传说，刘寨的人是明朝洪武年间的山西洪洞吕姓族人移民而来，后来在此繁衍生息。循着洧水，刘寨的古建筑群鳞次栉比，由清灰硬山石制成的墙体为我们展现了明清时代的风格。刘寨现在仅仅存有十二座完整的古宅和九座古楼建筑。这些楼房大多高大雄伟，实属不可多得的文化瑰宝。二进、三进，甚至四进的院落在这里很常见，因为明清时期的地区建筑差异越来越明显，新密一向以院落群和高门著称。院落结构大致为大门、耳房和配房。在《红楼梦》中，贾府也是如此设计：精美高贵的设计分布在主楼，即一家之主或是

掌握实权的人的居住之地。

在新密源远流长的历史长河中，有一个人的身影却愈显清晰伟岸，他就是吕氏六世祖吕逢泰。古建筑群中最为美轮美奂的一座楼——逢泰楼，便是他的家产。吕逢泰为人乐善好施，是出了名的热心肠，人们为了纪念他，将他写入《新密县志》，为他建造祠堂。而他名下的逢泰楼，也被人们细心保存。至今我们依旧能看到它高大宏伟、精美细腻的结构。楼内每层三间屋子，一共四层，每层用木制楼梯连接。第四层为绣楼，也就是富家女子出嫁前的居所。

获辅国翼政之匾的任家古宅

千年烟云，转瞬即逝，而隐匿在郑州高新区东史马村的任家古宅，在风雨飘摇的200多年里，默默地向人们诉说着它的历史。在郑州为数不多的古建筑中，任家古宅也静静地占据了一隅，展示着岁月与沧桑。这里世世代代都住着任家人，任金岭就是这古宅的第七代传人。多少年来，他为了维护古宅遗迹，带领全家人把全部积蓄都用在了这上面。"有我一天，就有古宅一天"，任金岭对古宅充满了感情，古宅对于任

任家大院

金岭来说，是一个充满回忆的载体，即使经岁月变迁，仍然连接着前人的身影与精神。曾有人想以一亿元的价格买下古宅，却被任金岭拒绝了。郑州的城市化进程加快，很多古宅都在开发商手中夷为平地。任金岭的努力对任家古宅的保护有积极的作用。说到"辅国翼政"这块匾的来历，还要从任家第一任主人任君选开始说起。任君选生前建了古宅的一部分，

郑州的名人故居与民间趣闻

经历四代人整整63年才完工。第四代人任德润为二品官员,任布政司布政使之职。道光皇帝念其功绩,特赐"辅国翼政"大匾,以显荣耀。于是,任家世代保存,这才有我们现在看到的匾额。到今天,任家古宅已在任金岭的带领下,成为免费开放的天祥博物馆。

钦点翰林周开谟故居

烂漫田野,古村旧词——郑州荥阳北周村,就是周开谟故居。

周开谟,人称周翰林,在嘉庆四年（1799年）殿试中进士,钦点翰林院庶吉士,曾担任道光皇帝的老师。据说,道光皇帝南巡时还特意到北周村来看望周开谟。周翰林带领道光皇帝一行登上了文昌阁极目远眺,在当时也是一段佳话。

周开谟故居

在北周村,与周开谟故居相似的房子还有三座。据周开谟后人周明德所说,这宅子原先是一位姓赵的财主的,为了把家产分给四个儿子,才建了四所相似的。可惜后人不争气,家道渐渐中落,这四所房子都被卖到了外人手里。周开谟是在告老还乡之后,到北周村探望一位孙姓朋友,朋友向他说了一件事:原来孙姓朋友在一天午睡醒后,看见院子里一只猫和一条大蛇在撕咬争斗,他便意识到这是"龙虎相争"的宝地,后来又听说那赵姓财主在建屋时病故,等房子建成,财主的儿子也暴病而亡,此外还有一个侍女缢死在绣楼。周开谟听后不以为然,以300两银子买下其中一座宅子,便是现在的周开谟故居。

如今,周开谟故居早已无人居住,紧紧关闭的大门和院墙上爬的青苔，无不显示出岁月的流逝，人世的沧桑。院内多数厢房已经倒塌，但从其檐角上仍能看出当年气派恢宏的风采。

韩凤楼故居曾经是所学校吗

说起蔡锷，大家可能都不陌生，他曾参加反对袁世凯的护国军起义，最为大家津津乐道的就是他与小凤仙的传奇。但是，这背后还有另一位被人遗忘的护国将军——韩凤楼。他在袁世凯眼皮底下将蔡锷秘密护送出北京。蔡锷走后，韩凤楼立即乔装打扮在第二天逃出了北京。

中华人民共和国成立以后，韩凤楼以绅士的身份被邀为河南人民代表。韩凤楼

韩凤楼故居

故居建于1918年，位于郑州荥阳东临村中大街。在仅存的几间房屋中，最为有名的就是后院正楼：由砖木构建，屋顶像山一样隆起，是民国时期荥阳最为著名的建筑。它可以算作荥阳不少老建筑的代表，在楼上，极目远眺，还能辨认出檐角的精美图案，像龙马麒麟之类的砖雕栩栩如生，让人印象深刻。韩凤楼故居不仅精美绝伦，还有很高的历史研究价值。

但可惜的是，韩凤楼故居附近的建筑物拆了，留下了断壁颓垣。荥阳城南进入县城里必经一条道路——通往韩家坟的柏树龙口，这让人不禁佩服设计者的奇思妙想。远远望去郁郁葱葱，柏树龙口栽满了高大的柏树，极其壮观。

在解甲归田后，韩凤楼致力于兴办教育，他在改造扩建完南关小学之后，又出资修建了荥阳的第一所高中——河南私立煦初高中。他拟定

了严格的学校管理制度，因材施教，在那个战火纷飞的年代里，培育出了不少品学兼优的青年。

现如今时光流逝，物是人非，南关小学已变成索河中心幼儿园，高中则获得郭沫若先生的题字更名为荥阳第一中学。韩凤楼先生的教育精神，已然为后人继承。

你知道董天知将军故居吗

"同志们要记清，一九四〇年八月二十日的炮火中，在太行失去一盏明路灯，董政治委员为求解放而牺牲，哎呀呀，董政治委员为解放而牺牲！莫悲痛，莫伤情，只要我们学习董政治委员的英勇精神，哪怕它荆

董天知故居

棘满地路难行，一齐向前冲，冲破黑暗争光明。"这是流传在郑州荥阳的一首民谣，讲述的就是一代英雄董天知将军的经历。

将军故居中有三个展厅，详细介绍了将军的生平，展现了他英勇抗日的辉煌形象。在正门前，有一座将军半身塑像，目光炯炯，似是透过历史看到了现在欣欣向荣、一派祥和的景象。院内还有一棵树龄超过500年的古槐，董天知将军幼时常在此玩耍，古树也见证了董天知将军的一段成长经历。

不起眼的岳氏绣楼为何保存至今

绣楼是古代女子专门做女红的地方，在家规比较严的家庭里，绣楼

更是未出嫁的小姐居住之地。古代不少小说中都有对绣房、绣楼之类的描写。

岳氏绣楼是清末建的，至今已经至少有120年的历史了，见证了历史与沧桑。岳氏绣楼只是当初岳家大院中偏僻的一隅，却得以保留，它东西两边都留有通风的气窗，设计得十分科学合理。

岳家祖上是老郑州有名的药材商，很是富有。当年的岳家大院也很气派，正门朝东对着南大街，雕梁画栋，曾有好几进的院子。能住在南大街本身也是一种生活富裕的体现，这里流传着几句顺口溜，专门描写的就是住在南大街里人们的穿戴特点："穷东街，富西街，穿靴戴帽住南街，挑挑担担是北街，搽脂抹粉衙前街。"

现在的岳家绣楼，已经没有了绣娘和小姐穿针引线、抚琴饮茶的情景，房前屋后也被泥土青苔掩盖，甚至已经坍圮不见踪影。只有楼顶隐隐约约的精美木雕展现着绣楼当年的模样。

苏氏古宅雕刻为什么有皇家才会用的图案

"但愿人长久，千里共婵娟"，这是苏轼词作中的名句。苏辙也是一位伟大的文学家，同样有着辉煌的艺术成就。苏轼、苏辙晚年在许昌定居。苏辙有一个儿子叫苏远，苏远的第八代子孙苏执中在元朝做官，晚年住在荥阳县，给他住的地方命名为高阳，后人改名为苏家寨，这就是荥阳苏氏古宅的来源。

苏家古宅

苏氏古宅是明朝时期的建筑，有大量精美的雕刻。古宅内的门窗房梁，都是由木头制成的，在古宅的砖墙及木头门窗等上面，有很多人们熟悉的造型：像牡丹、麒麟、龙、麋鹿、凤凰、鹤之类的装饰图案，栩栩如生，这在中原地区也是十分罕见的。

现在，苏辙后人故居、荥阳苏氏古建筑群，因为缺乏保护，渐渐失去了它们原有的模样，而唯一得以保存下来的建筑，则是苏氏后人集资修缮维护后的。

耿介真的为了助学捐家田吗

崇祯元年（1628年），一位名叫耿介的书生来到了当时闻名天下的四大书院之一——嵩阳书院踏青。当时的书院破败不堪，完全不复曾经门庭若市的情景。书生耿介听到历来为人们称道的"程门立雪"的故事，兴起了去教书育人的想法，来此重振嵩阳书院。

在崇祯九年（1636年），登封被李自成占据，战火波及了很多学堂。耿介所在的学堂也被迫关闭，耿介无法，只能在家里自己学习一些史书典籍。耿介原本的名字是冲壁，在他在家中自学的这一段时间，耿介把名字改成了耿介。耿介出自《楚辞》："独耿介而不随兮，愿慕先圣之遗教。"意思就是刚正不阿，廉洁守持，不同于流俗。这也正是耿介本身所持奉的操守精神。耿介用了15年的时间终于一步步从童生考中进士，被授予翰林院庶吉士，参与编写《明史》等史书。在顺治皇帝当朝的第十四年，皇帝颁布诏令："道在褆躬，爰被丝纶之重，志存作室，式弘堂构之遗。"皇帝嘉奖耿介的功劳，特此颁布诏书，授予他中宪大夫的官职。在后来的十几年中，耿介在官场起起伏伏，最终，他还是厌倦了这样的生活。在康熙六年（1667年），耿介终于从官场中脱身，到故里主持嵩阳书院的复兴活动。耿介为了嵩阳书院也是费尽了心血，他向嵩阳书院捐了大约330亩的土地，周围的缙绅、官员等无不为他的精神所触动。在耿介的号召和鼓励下，他们纷纷向书院捐地捐资，嵩阳书院总共有大约1600亩的土地。

自此嵩阳书院再一次兴盛，当时耿介和他的家人就居住在如今的耿介故居之中，静静地守护着这一方学子圣地。

你知道戏曲大师常香玉的故居吗

中国戏曲是一种历史悠久的舞台艺术，早在先秦就产生了戏曲的萌芽——像社火、秧歌等，在唐朝中期之后，戏曲开始了飞跃性的发展。到了元代，就已经成熟到用戏曲演绎一些经典的民间故事，比如《窦娥冤》《汉宫秋》。在河南郑

常香玉故居

州的巩义市河渡镇董沟村，就有一位民间的戏曲大师——常派唱腔创始人常香玉。豫剧表演艺术家贾廷聚曾经对常香玉有极高的评价："听她的唱腔是一种享受，一字一句都能送到观众耳朵里去。这种唱腔艺术值得年轻人继承学习。"

著名的常派唱腔是戏曲中的千古绝唱，有着宽广嘹亮的音域和美妙动人的音色，再加上常香玉大师的甜美唱腔和传神的表演，一股阳刚之美扑面而来，将这种唱腔称为"千古绝唱"并不是夸大其词。常香玉开始正式学习戏曲的地方，正是她出生的河南巩义。常香玉大师是一位德艺双馨的老艺术家，她用精湛的表演为观众留下了许多经典豫剧作品，像《红娘》《白蛇传》《花木兰》等，不仅在国内有如潮好评，在国外也有无数粉丝。这位老艺术家结合自身特性所创建的唱腔，对豫剧的发展作出了不小的贡献。她的演艺信念就是"她心里想的只有戏和群众，没有她自己"。常香玉大师去演出时，就带个带盖的竹篮，篮中只有能吃两

三天的馒头，每次到上台前，都只吃半个馒头，这是"饱吹饿唱"。最令人动容的是常香玉大师在抗美援朝时期用演出收入捐赠了一架"香玉剧社号"战斗机，由此获得大众主流的一致称赞。

陈天然故居为什么散发着中原气息

陈天然先生是一位杰出的国画大师，他1926年出生，在中华人民共和国成立之后，他成为河南省新的一批杰出的艺术家。早在20世纪五六十年代，中国的画坛上就已经活跃着陈天然先生的身影，他的画工经常为大家交口称赞。除此之外，他在版画和书法上也有很高的造诣，广受赞誉。

陈天然故居

陈天然先生在2017年，也就是他91岁高龄时，开了他的首次个人画展，这位德高望重的老艺术家一生都未办过画展，他曾说过这么几句话："我不爱搞展览，因为我的作品小，作品不多……"陈天然先生的为人就像他的名字一样：天然。他这些谦逊平和的话也充分展现了他谦虚低调的性格。陈天然先生一生中有很多著名的作品，笔耕不辍，有《陈天然书画集》《陈天然速写集》等。很多年来，陈天然先生一直沉浸在国画作品的创作之中，在他退休之后，他更是潜心隐居在家乡的庄园中，更加精益求精地磨炼他的作画技巧。陈天然先生的家乡是河南省巩义市，这里的风景、乡土都让陈天然先生深深迷恋，所以在他的国画作品中，就充盈着非常浓厚的中原文化气息，勾勒出了他心中的家乡。

通过陈天然的画作，我们可以看出陈天然先生着重突出的中原风格和人文精神，他一直把心思放在中原画风的凝聚和突破上。不幸的是，在陈天然先生的个人画展举办之后不久，他去世的噩耗就传来了，这是河南省也是全国艺术界的重大损失。如今，我们还可以在陈天然故居瞻仰这位艺术家的风采。

郑州的博物馆

　　博物馆是典藏、陈列和研究代表自然和人类文化遗产的实物的场所，并对那些有科学性、历史性或者艺术价值的物品进行分类，为公众提供知识、教育和欣赏的建筑物、地点或者社会公共机构。博物馆是非营利的永久性机构，对公众开放，为社会发展提供服务，以学习、教育、娱乐为目的。接下来我们将走进位于河南郑州的博物馆，感受八大古都之一的郑州给我们带来的博物馆文化和历史。

郑州博物馆

郑州博物馆里都有些什么宝贝

　　每到一个城市，我们都会挖掘这个城市的特色。有人喜爱自然风光，就有人喜欢市井生活气息；有人流连现代城市的繁华，自然也有人痴迷它厚重的历史。对于郑州来说，这个中原腹地的繁华古都，一切沧桑过往如今都浓缩在博物馆里。

　　郑州博物馆最早叫作郑州市文物陈列室，是冯玉祥在1928年8月下令修建的国民革命军第二集团军北伐阵亡将士墓地烈士祠堂。中华人民共和国成立后，1957年，这里改建为博物馆，是我国第一批一级博物馆。1965年正式更名为郑州博物馆，馆名由郭沫若先生亲笔书写。

　　博物馆本身的造型就很独特，场馆以商代青铜方鼎为设计原型，顶部为圆形屋顶。这个造型设计来源于古代人认为的"天圆地方"。郑州自古

郑州博物馆

就是帝王之城，兵家必争之地，当然也有"问鼎中原"的意思。

此外，郑州博物馆是全国第一家免费开放的省会城市博物馆，这是开创性的一项举措。代表了文化传承的博物馆减少收费或许也是对传承的一种尊重。

走进博物馆，首先看到一个方方正正的建筑物，配以圆形碟状屋顶，这个就是郑州博物馆的主展馆，是以商朝的青铜方鼎为基础建造的，代表了在郑州发祥的商代文化。进入主展馆，我们会看到整个展馆是由三个部分组成的，分别是"郑州文明曙光""郑州古都风采"和"古代文化神韵"，代表了郑州文化古都的超然地位。

展厅总面积4720平方米，基本陈列面积为2000平方米，由三大部分八个展厅组成：郑州文明曙光部分，包括旧石器时代，新石器时代两个展厅。我们从陈列的古象化石、野鹿野马化石的身上可以看出，在300万年前，郑州这片土地上就因为土壤肥沃、自然条件优厚而适合动物生存。到了新石器时代，展出的遗迹更是生动地复刻出早期原始人农耕、打猎、捕鱼、用火的生活场景，有力地证明了郑州地区是中华文明的发祥地。更让人惊喜的是，在郑州多处地方先后发现了裴李岗古文化、仰韶文化、龙山文化等。这些遗址文化像可以燎原的星星之火一样，点燃了郑州地区在新旧石器时代的光辉火种。

郑州古都风采部分展示郑州作为雄伟古都的辉煌历史，也是博物馆的主要陈列展厅。橱窗里的精美文物、辅助版面和沙盘等向我们展示了郑州古都的风貌。早在3600年前，这里就是中国夏商王朝的都邑，春秋战国设都城，隋唐、五代、宋金元明清都在这里设州。众多帝王在这里开拓帝国的版图，从这里振兴国家。农业、商业、手工业、文化生活都在这里逐渐繁荣，达到鼎盛。

古代文化神韵是以大量出土的精美文物向我们介绍着郑州从古至今都无可撼动的深厚文化。几千余件陶瓷、石刻、书画、造像、金银法器，都用自己的特点向我们说明它所处的时代、人民的智慧、市井生活的热

闹与郑州地区的繁盛。

从探究人类起源的石器时代跨越到历代在郑州地域建立的封建王朝，上下五千年的文明和更迭可以全部尽收眼底。

郑州博物馆一共有多少件精美文物

郑州博物馆一共收藏有五万多件藏品。整个博物馆基本上是以陈列《古都郑州》作为主题，同时把展览辉煌的夏、商、周的灿烂——青铜文

郑州博物馆内

明作为主线。整个博物馆大致可以分为三个部分：山河颂——文明沃土，商都赋——王者之都，郑韩风——故都春秋。除了有大量的青铜展品，还有一些史前的古象等动物化石，还有汉代砖画像、明清的一些藏品。除

了拥有大量史前文明，郑州也出土了不少商代的文物，对于商朝为何废弃处于中原腹地的郑州都城有很重要的研究价值。郑州博物馆的第二层，主要是收藏一些商代和战国时期的文物，像著名的饕餮纹铜方鼎、牛首饕餮纹铜尊、饕餮乳钉纹铜方鼎等文物都收藏在郑州博物馆中。商朝的铜制品比较出名，几乎是一统天下。在这些展品中，除了一些很有名的饕餮纹青铜器，还有像青铜剑、青铜戈等青铜武器。最让人移不开视线的当属在博物馆中展出的青铜编钟，这是春秋时期的金属器，有二十件钮钟和四件镈钟，在编钟上有三角纹和云纹、鼓部饰云纹，十分精美，恢宏大气，展现了当时朝代的磅礴气势。第三层藏有北魏、北齐和唐代的展品，比较有名的有白釉双龙瓷尊、菩萨石造像、弥勒菩萨石造像、弥勒石佛等，还有一些来自北魏、北齐的武士、力士的造像。

此外，还有一些精美的书画藏品，是清朝的一些画家的画作；还有

徐悲鸿大师的雄狮图轴，很有价值。还有一件颇受大众欢迎的文物——来自清朝的青花瓷瓿，在瓷器上绘制有青花图案，在瓷器颈部绘制有树石、人物、栏杆等图案，虽然不是特别多的着墨，但清清淡淡的描摹更是情趣盎然。在瓷器的底部绘制有"大明成化年间"的字样。在这件宝物之外，还有一件来自明朝的瓷器，青花缠枝莲花梅瓶。这是一件小巧的瓷器，但是匠人在它身上花费的心思并不少。这尊莲花梅瓶造型敦厚雄健，丰肩收腹。瓷器是白瓷，烧制出来却意外地发现瓶子的瓶身略泛青色，在瓷器的肩部和腹部相接处，装饰有青花缠枝莲花纹，瓶子的足部则装饰着蕉叶纹，这两种纹饰交相辉映，错落有致，并不显得杂乱，反而别有一番清新的韵味。这些都是由郑州博物馆单独收藏的，非常值得游览观赏。

在二楼还有一片区域是专门用来放置模型的，这是关于烧窑的模型。这片区域的模型设置得十分巧妙，在一旁，有一些烧窑工具，整齐地放置着。旁边还有一些人的模型被烧制成了运煤的模样，整个展区看起来栩栩如生，就像是我们真的回到了古代，看着人们挥汗如雨烧制瓷器的场景，我国古代劳动人民勤劳智慧的形象令人久久不能忘怀。再往前走，就能看到另一种模型，这是古代郑州与现代郑州的立体对比模型，古代和现代的对比变化就随着模型的升降展现出来，这是今人的一种智慧，展现出无与伦比的精巧构思。在这层展厅，还有一件可以算作镇馆之宝的文物："舌"铭凤纹提梁铜卣。这也是在郑州出土的又一件重要文物。"卣呈扁圆体，深腹下垂，下腹圆鼓，低圈足；提梁两端兽首与卣颈两侧半圆环系套合，盖面中间突立四面人首状钮。卣体装饰华丽，四道扉棱等分器体；提梁上面饰两组双体夔龙纹；盖与卣腹各饰四组凤纹，卣颈部与圈足均饰四组凤纹。整个器物造型奇特，纹饰华贵典雅，具有浮雕般的立体感。卣盖与器底部均铸造有铭文。"这段介绍来自郑州博物馆的官方网站，非常详细地介绍了"舌"铭凤纹提梁铜卣的外形和价值，这是一件十分有价值的艺术珍品。像这样的珍品在一些博物馆

中或许是被细心收藏起来用以研究它的历史价值和意义的，但是在郑州博物馆中，"陆"铭凤纹提梁铜卣一直在陈列展出，这充分展现了郑州地区的经济发展水平已经很高了。

清朝的书画作品在郑州博物馆中也有收藏。有一件在世人眼中非常出名的作品：清郑簠隶书五律中堂轴，这是清代著名书法家郑簠，尤其擅长写隶书。清代书法家梁巘在《论书帖》中称："郑簠八分书学汉人，间参草法，为一时名手。"在清郑簠隶书五律中堂轴卷面上写着隶书："垂杨夹溪路，日暮枉骖辈。细雨干髦湿，闲门燕子归。烹葵邀醉浅，拔韭喻言微。何意桃花发，春风再款扉。"在清代，金石学、考据学等学术文化的滋养，还有一些致力于发展书法艺术的大家的默默耕耘，隶书这一书法形式在清朝有了长足的发展，这一点在郑簠的书法作品中也得到了淋漓尽致的表现。隶书有一种端庄朴实、雄浑壮美的风采，这也正是郑州博物馆保存这幅清郑簠隶书五律中堂轴书法作品的原因，隶书的独特魅力理应被更多向往它、希望了解它的人所熟知。

徐悲鸿的雄狮图轴说了什么

徐悲鸿大师是中国现代著名的画家、美术教育家。他在当时与张书旗和柳子谷三个人一起被称为画坛的"金陵三杰"。大家都知道"徐悲鸿的马，齐白石的虾"这句耳熟能详的话，徐悲鸿正是以画马闻名于世。他主张发展"传统中国画"的改良，强调国画改革融入西方技法，显示了极其高超的艺术技巧和广博的艺术修养，在艺术手法上，徐悲鸿大师提出要"宁方勿圆，宁直勿曲，宁拙勿巧，宁脏勿净"，是古为今用、洋为中用的典范。

徐悲鸿

除此之外，徐悲鸿还强调作品的思想内涵，他认为"美术之大道，在追索自然"，因此他的画作无不栩栩如生。收藏在郑州博物馆的徐悲鸿雄狮图轴是他创作的雄狮图卷中艺术价值比较高的一幅，雄狮斜视后方，一爪微抬，蓄势待发，像是要冲出画卷来一样，给人一种生机蓬勃的、充满力量之美的感觉，表达了积极的人生精神境界，令人无比振奋。这幅徐悲鸿雄狮图轴是1934年徐悲鸿大师送给他的学生顾了然的作品，在《雄狮图》中徐悲鸿熟练地运用了西方透视和解剖学的知识，通过立体和块面的描写，注重对于狮子的骨骼、结构和姿态的客观展现。画中除了展示健美雄壮的狮子，还蕴含了中华民族不畏列强的一股浩然正气。在徐悲鸿大师创作这幅图轴的时候，我国的东北三省已经惨遭日本帝国主义侵略，人民苦不堪言，饱受日寇的滋扰侵犯。

徐悲鸿大师显然对日寇的侵略行径十分痛恨，心中包含强烈的爱国主义和痛苦郁结之情创作了这幅双目怒瞪的雄狮，表现了中国人民的一身傲骨和不畏列强的坚毅。这就赋予了这只雄狮以人化的神态，这是一种脱离物象的提升，反映了徐悲鸿大师的现实主义笔法。

黄河博物馆为何被称为黄河巨龙的缩影

黄河博物馆成立于1965年，坐落于郑州市紫荆山路，这是我国唯一一个以黄河为主题陈列内容的自然科技类博物馆，也是被称为"黄河巨龙的缩影"的博物馆。黄河博物馆的场馆由序厅、流域地理、民族摇篮、千秋治河、治河新篇、人水和谐六个展厅组成。

黄河博物馆

序厅主要对整体的博物馆进行概括。在流域地理这个展厅展示了黄河的

自然地理地貌、气候等自然因素，分为黄河形成、远古生态和九曲黄河三个部分。通过"逐水之居""文明之光""王朝中心""人文始祖""灿烂文化"五个部分。在民族摇篮展区展示了悠久的黄河文明。治理水患、漕运灌溉等动人的故事都通过千秋治河展区展示出来。

　　在黄河博物馆中，陈列着许多具有历史价值的文物。埄堠碑是宋朝黄河堤防分段管理的重要实证。这个石碑是模制陶质，上圆下方，在正面是一排竖行楷。石碑的中间一行是"汲县河堤下界埄堠"，右边刻着"西至上界永"，左边是"福村八十里"。碑的背面一侧有刻印花纹，中间竖向排列六组对顶三角形刻纹，两边各竖排六组"川"字形刻纹。根据相关史料记载，到宋元时期，黄河流域一直流经东北，在黄河左岸故堤至今仍然蜿蜒残存。埄堠碑上的文字是在碑版烧成以后刻上去的，书体为成熟的楷书，而楷书的成熟年代在隋唐，从而断定此埄堠碑为隋唐以后产物，不应当早于隋唐，更不可能早至西汉。接下来的一个重要展品是中原治黄图。这是清朝时期研究黄河中下游黄河河防工程的重要文献资料。黄河西起华山，东至渤海的1000多千米的沿河山川、要塞、地貌地形都详尽地记录在了《中原治黄图》这幅画卷上。这幅图上的方向和现在的地图完全相反，但这并不妨碍我们研究它独特的地理价值。在地图上用工整秀丽的楷书一一标注了在黄河流域的一些主要的州府和县治所在地，为一些修筑工程提供了不少便利。整幅画卷布置得十分得体干练，是一些水利官员们翻阅了古籍整合而成的，具有重要历史意义。在黄河铜瓦改道之后不久，这幅《中原治黄图》才被绘制出来。据有关的学者介绍，这幅图是一件融合了历史、科学、艺术价值的藏品。

　　黄河博物馆通过多种方式，如图片、录像、图表等，详尽地向人们展示了中华民族的地貌、地形等。人们对抗黄河水患中形成许许多多动人的故事，为以后的防患救灾工作提供了很重要的资料。黄河博物馆作为国内唯一一所以黄河为主题陈列内容的自然科技类博物馆，一共接待了来自中外的数百万游客。黄河博物馆在中国博物馆中享有很高的声誉。

中国天文博物馆前身是观星台吗

1944年，在日军侵略中国时，观星台的台身遭到了日军的炮弹轰击，砖砌成的东面墙壁脱落严重，一些较为细小的景点几乎全部被毁。在中华人民共和国成立后，文物管理所在此基础上进行了全面修整，基本上恢复了原貌。为了进一步弘扬中华民族优秀文化遗产，"中国天文博物馆"计划开始提上了日程。

中国天文博物馆位于郑州登封市告成镇北的阳城遗址西南角，天文博物馆是以观星台为依托建立起来的。

观星台是嵩山风景区的八景之一，也是著名的天地之中古建筑群之一。在世界天文史和世界建筑史上都有很高的价值，也是世界文化遗产中的宝贵财富。元代天文学家郭守敬在元代创建登封观星台，在元世祖忽必烈统一中国后，为了恢复生产，就任命著名科学家郭守敬进行历法改革，重新测量天文历法，大规模的测量活动在全国各地展开了，登封观星台就是当时的中心站。郭守敬曾经在这里重新观测了二十八星宿和其他一些恒星的位置，在这个基础之上，《授时历》这部当时世界上最先进的历法就在这种情况下编撰成功了。在观星台四周分布着夏代的都城、春秋至汉代阳城遗址。

周公测影台是西周时期周公旦测量日影的地点，以求地中。测影台为上下两部分，上部为石表，下部为圭座。石表呈方形，上端有歇山顶石帽。测影台上还有一个未解之谜，圭座斜面上收亦近唐尺一尺五寸，夏至中午，表上投影隐藏于边棱和斜面之中，看不到投影，所以群众称为无影台。圭座北面刻有一副对联："道通天地有形地，石蕴阴阳无影中。"可能是明代人后刻上去的。

　　1991年，中国天文博物院计划在全国天文文物普查的基础上，逐步建成了以室外陈列为主的天文遗址和天文文物、天文文献陈列中心。随着天文博物院的知名度越来越高，在观星台的西隔壁，有河南省文物研究所的工作站和标本陈列室，从登封王城岗遗址出土的文物标本就陈列在这里。

河南省地质博物馆藏有亚洲最大的恐龙吗

　　郑州嵩山，是非常难得的一个地方。在这片不算很广袤的土地上，聚集了太古代、元古代、古生代、中生代和新生代的所有地层，并且在河南省地质博物馆中收藏了许多恐龙化石。从恐龙骨骼化石、史前动物骨骼化石到近代一些地质文物

河南地质博物馆

在这里都有保存。目前在河南省地质博物馆中，保存有50000多件化石标本，还有一些岩石的样本。

　　进入博物馆中，就会发现按照地质历史演变来进行排布的一个个展厅。地球厅主要是利用灯光和一些设备向大家介绍了地球所处的太阳系和宇宙的一些神奇奥妙。通过一些光影效果来了解地球怎样使大陆板块整合移动，通过声控设备等先进科技来了解喀斯特地貌、冰川作用等来自自然的力量。接着我们将走进一个展出了史上最具吸引力的古生物的展厅——恐龙厅。在这里有亚洲体腔最大最重的恐龙——黄河巨龙，这是一种相当于十头大象的庞然大物。这是在河南汝阳县出土的化石，一出现就震惊了在场的所有人。世界上最小的窃蛋龙化石也在这里展览，迷你豫龙是在洛阳栾川出土的，这是一种生存于白垩纪晚期的恐龙，大小和鸵鸟差不多，行动很敏捷。窃蛋龙的名称让它们背上了很多年的冤

屈，当初在美国人考古发现窃蛋龙的时候，化石在一堆原角龙的恐龙蛋上，说明由于当时的技术条件有限，认为窃蛋龙在偷取原角龙的蛋，于是美国中亚考察队领导者奥斯朋博士给它取名为窃蛋龙，这个名字就一直被沿用下来了。但是根据国际动物命名法规窃蛋龙的名字是不可改的。由于这个名字，窃蛋龙被不少人误解。

中国唯一的结节龙化石也在河南省地质博物馆展出。2006年，也是在河南汝阳这个地方，科学家发掘出了一具甲龙科结节龙类新属种恐龙化石。这个骨架被组装之后被证实是结节龙。科学家就把这个恐龙命名为洛阳中原龙。洛阳中原龙是目前中国发现的第一件具有确凿证据的结节龙类恐龙，改写了以往中国无结节龙的结论。对于这些甲龙类的起源迁徙的研究具有重要的意义。恐龙厅展出世界上最大的一窝恐龙蛋化石、数十件珍贵的早期哺乳动物和长羽毛恐龙，以及世界上最早的银杏果化石、世界上最早的被子植物——中华古果等很多具有历史研究价值的珍贵文物。

接下来一个展厅是古象厅。在古代，许多古象遍布在中华大地上，黄河流域曾经是大象的王国。在1973年，黄河古象的化石在甘肃出土了。它是世界上早已灭绝的剑齿象化石。个体保存如此完整的化石在我国仅此一例，在世界上也是独一无二的，从而引起了学术界的极大关注。除了古象化石在古象展厅之中展出，还有一些和古象伴生的动物也在这里展出。在河南省地质博物馆里，在恐龙末世的几乎所有恐龙种类都在这个博物馆中集齐了。在这个博物馆中，除了一些化石展馆，还有矿产资源厅、矿物厅、地质环境厅等展厅，详细介绍了大自然给予我们的瑰宝。矿产分为能源、金属、非金属和水气矿产四大类，对人类的生活有着广泛的影响。人们的生活几乎每天都离不开矿物，从中可以了解到地质环境对我们生活的影响，由此我们可以学习如何与自然和谐相处。

郑州自然博物馆收藏有国家珍贵动物标本吗

人是自然的一部分，但人又以自己的力量改变自然，所以人与自然可谓相互影响，相互制约。在理性与科技的启蒙中，人类与自然界关系的象征词汇被逐渐清除，自然与人类之间历史悠久的感应观念随之断裂。但是，我们可以利用先进的科技来拉近人与自然之间的关系，重新修复二者之间的桥梁。

建立于2009年的河南省郑州自然博物馆，总展出面积达3000平方米。这是一座以自然为主要展出对象的博物馆。博物馆位于文化北路与开元路交叉口的郑州师范学院校园内，因此经常来参观的游客并没有很多，博物馆内非常安

郑州自然博物馆

静。展览以生物、矿物、土壤分类为主线，以生物多样性、和谐自然为主要内容，向观众普及自然科学、生态保护、天人合一的大生态观。郑州自然博物馆分为9个常设展区。在郑州自然博物馆的第一层主要有：嵩山之春、南国夏风、大河金秋、冰雪风情和水生世界。在博物馆的第二层，设置的则是昆虫世界、生命支撑、绿色畅想、造化神秀。

由于是郑州师范学院承建的博物馆，展馆主要结合了青少年的心理特点和审美视角，在这个展馆中开辟了互动式探索自然奥秘的科普教育活动场所——实验天地。在郑州博物馆中馆藏了各种各样的珍贵动物、植物、矿场岩石等标本，展示标本近万件，有扬子鳄、巨蜥、丹顶鹤、金雕、金钱豹等国家一、二级珍贵动物标本近百件。其中的大部分展览品的标本都是由学校里的广大师生集体制作完成的，这也从另一个方面展示出郑州自

然博物馆的互动式探索自然奥秘的展示手段。部分珍贵标本是对省野生动物救护中心、动物园死亡动物资源的再利用，由博物馆专业人员设计制作而成。这些动物标本，可以使人们了解生命的力量，动物和植物是大自然带给我们的奇妙礼物，亲近自然，感受它的奇妙，带给我们的除了惊叹，更多的是敬畏生命的态度。

你知道新郑博物馆收藏了多少文物吗

在黄帝故里不远的地方，有一个聚集了很多古代历史文物的地方——新郑博物馆，这个博物馆就在黄帝故里西侧300米左右。

作为河南省规模最大、馆藏文物最多的博物馆，新郑博物馆着实是一颗等待着人们去探寻发现的明珠。在新郑博物馆中，收藏着60000多件文物，其中还包括了大约4500件的三级以上文物。即使是在一些大型的博物馆中，这个收藏文物的数量也是很可观的。

在新郑博物馆中，主要陈列有裴李岗文化时期的石磨盘、石磨棒，以及春秋战国时期的青铜礼器等。新郑博物馆是一种歇山式仿古建筑，很好地衬托了收藏于博物馆中的文物。整个新郑博物馆的屋顶都是用琉璃瓦勾砌的，一眼望去，红墙朱瓦，金碧辉煌，雄伟壮观。博物馆主楼一层为郑韩文物展，主要展品为郑韩故里遗址出土的手工业陶范、铁范、青铜礼乐器、韩国宫殿门枢、陶瓦等建筑材料及战国兵器等。第二层则是华夏之根的展厅，有熊氏故墟展览。这个展厅中主要陈列的是8000年前裴李岗文化时期的石磨盘、石磨棒，双耳圆底红陶壶；5000年前的仰韶文化时期和3000年前的龙山文化时期的陶器、石器等。

在博物馆主楼正前方，放置着春秋莲鹤方壶的仿制品。真品分别收藏于北京故宫博物院和河南博物院中。这个方壶出土于河南新郑，是西周后期以来流行的方壶造型，有盖、双耳、圈足，重心在下腹部，

遍饰于器身上下的各种附加装饰，不仅形成瑰丽的装饰效果，而且反映了在春秋时期青铜器艺术审美观念的重要变化。活动的小盖，上面有一只仙鹤站在花瓣中央，仙鹤似乎在昂首振翅，翘首望着远方，造型灵动。

附 录

名胜古迹
TOP10

黄帝故里

黄帝故里位于新郑市轩辕路北，占地面积100余亩。自汉代建轩辕故里祠以来，历史有毁有修。可以说，黄帝故里历经了千年风雨沧桑，见证了历代王朝沉浮，而黄帝故里的变迁历程恰恰是社会大变革、大发展、大繁荣的一个缩影。扩建后的黄帝故里景区共有5个区域：中华姓氏广场、轩辕故里祠前区、轩辕故里祠、拜祖广场、轩辕丘与黄帝纪念馆区。

杜甫故里

杜甫故里位于郑州巩义市站街镇南瑶湾村，背依笔架山，是诗圣杜甫出生和少年时期生活的地方。景区内主体建筑均为唐代风格，以木质结构为主体，以红色为基调，配以灰色顶瓦，整体样式庄重大方，色调简洁明快，古色古香，韵味十足。

杜甫故里由诗歌展区和诗人展区两部分组成。诗歌展区系统介绍了杜甫的诗歌成就以及在中国诗歌史上的卓越地位，并生动地展现了一代诗圣的心路历程。诗人展区由杜公祠开始，途经瞻雪阁—诞生窑—上院—壮游园—三友堂—怀乡苑—万汇园，以"来自这片土地，又回归这片土地"为主题，诠释了一个真实而全面的杜甫。

大河村遗址

大河村遗址位于郑州市的东北郊，面积40万平方米，是一处包含仰韶、龙山和夏商四种不同时期考古学文化的大型古代聚落遗址。1972—1987年，先后进行过21次考古发掘，出土完整或可复原的陶、石、骨、蚌、牙、角、玉等不同质地的各类遗物3500余件。发掘表明，先民们曾在此延续居住长达3300多年，经历了原始社会母系氏族的繁荣阶段、父系氏族阶段和奴隶社会的夏、商时期，大河村遗址是郑州地区原始社会向奴隶社会发展的历史缩影。

嵩阳书院

嵩阳书院始建于北魏孝文帝太和八年（484年），位于登封市区北嵩山南麓，背靠峻极峰，因坐落在嵩山之阳而得名。经历代重修，目前书院保持了清代的建筑布局，由中轴建筑向两边共分五进院落，由南向北依次为大门、先圣殿、讲堂、道统祠和藏书院。嵩阳书院作为中国古代四大书院之一，著名高等学府，在历史上以理学著称于世。北宋儒学大家程颢、程颐、司马光、范仲淹、朱熹等曾在此讲学。

观星台

观星台坐落在登封城东南告城镇北，为中国元代著名天文学家、数学家郭守敬于元朝初年创建，距今700多年，是我国现存最古老的天文台，也是世界上现存较早的观测天象的建筑之一。郭守敬通过在观星台的实地观测，掌握了地球运转的规律，准确地测出了二十四节气，并于公元1280年编制出了当时世界上最先进的历法——《授时历》。

黄帝宫

黄帝宫又名云岩宫，位于河南省郑州市西南35千米处，新密市东南刘寨乡境内。黄帝宫被誉为"中华人文始祖圣地""天下第一宫"、八阵兵法研创地。这里山水秀丽，风光旖旎，据说黄帝宫曾是轩辕黄帝建宫筑殿、练兵讲武、研创八阵图的地方。相传黄帝初战蚩尤失利后，退居此地，潜心养志；至今还有养马庄、仓五村、拜将台、宫殿、轩辕门、讲武门等古建筑遗迹。

北宋皇陵

北宋皇陵位于河南省巩义市的西村、芝田、市区、回郭镇一带，北宋九个皇帝，除徽、钦二帝被金兵掳去死于五国城外，其余七个皇帝及赵弘殷（赵匡胤之父）均葬在巩义，通称"七帝八陵"，再加上后妃和宗室亲王、王孙及高怀德、蔡齐、寇准、包拯、杨六郎、赵普等功臣名将共有陵墓近千座。从公元963年开始营建的宋陵，前后经营160余年，形成了一个规模庞大、气势雄伟的皇家陵墓群，堪称露天艺术博物馆，是研究宋代典章制度和石刻艺术的十分珍贵的实物资料。

康百万庄园

康百万庄园位于巩义市康店镇，距市区4千米，始建于明末清初。由于它背倚邙山，面临洛水，因而有"金龟探水"的美称。康百万庄园是全国三园（刘文彩、牟二黑）之一，比山西乔家大院大19倍。由于当时的庄园主康应魁两次悬挂"良田千顷"的金字招牌，土地商铺遍及山东、陕西、河南三省八县，而被称为"百万富翁"。后来，慈禧太后逃难西安，回銮北京时，路过康店，康家出钱监工修造黑石关，县城、官殿行宫和龙窑，花费了100多万两银子，又向清廷捐赠白银100万两，慈禧说不知此地还有一个康百万富翁。从此，"康百万"这个称号就广泛传开了。

二七纪念塔

二七纪念塔全称郑州二七大罢工纪念塔，建于1971年，为了纪念发生于1923年2月7日的京汉铁路工人大罢工而修建，位于郑州市二七广场。郑州二七纪念塔为双身并联式塔身，塔全高63米，共12层，其中塔基座为3层塔身为11层，钢筋混凝土结构。每层顶角为仿古挑角飞檐，绿色琉璃瓦覆顶。

塔顶建有钟楼，六面直径2.7米的大钟，整点报时演奏《东方红》乐曲。钟楼上高矗一枚红五星，塔平面为东西相连的两个五边形，从东西方向看为单塔，从南北方向看则为双塔。塔内共有10个塔层层厅和1个地下层厅，陈列有京汉铁路工人大罢工的各种文物、图片、文字资料。

郑州黄河铁路大桥

郑州黄河铁路大桥老桥原名平汉铁路郑州黄河大桥，是黄河上修建的第一座铁路桥，为单线铁路桥。由当时比利时一家工程公司承建，缺乏对黄河沿岸地质的考察，或者受困于当时的建桥技术，比利时的公司把桥墩建筑在淤泥里，而非岩石层上，导致桥梁不够稳固，埋下后患。郑州黄河铁路大桥位于中国河南省郑州市以北约30千米，是京广线上的复线铁路桥。新桥于1958年5月动工修建，1960年4月建成通车。大桥全长2889.8米，有71孔、72个桥墩，每孔跨度为40.7米，是中国第一座横跨黄河南北的钢结构铁路大桥。

名山胜水
TOP 10

嵩山

嵩山是中华文明的重要发源地，也是中国名胜风景区，为五岳中的中岳。嵩山总面积约为450平方千米，由太室山与少室山组成，共72峰，最高处为1512米。嵩山北瞰黄河、洛水，南临颍水、箕山，东通郑汴，西连十三朝古都洛阳，是古京师洛阳东方的重要屏障，素为京畿之地，具有深厚文化底蕴，是中国佛教禅宗的发源地和道教圣地。

环翠峪风景名胜区

环翠峪风景名胜区位于郑州市西南40千米的荥阳庙子乡，地处浮戏山的中部，是嵩山北部的余脉。这里四周青山环绕，松柏叠翠，谷峪清幽，所以被叫作环翠峪。

环翠峪风景区以自然山水为主体，以古城堡为特色，千年石花为一奇。主要景区有：杏花村、卧龙台、花果山大峡谷、龙溪宫等。这里以独有的石怪、洞奇、林美、景幽著称，以郑汉长城、卧龙云花石，太行猕猴最为有名。它就像是镶嵌在浮戏山中的一块碧玉，四周山势壮观，树木密集，云烟缭绕，季节不同，景致各异。

九龙峡

九龙峡位于盘龙山下龙尾大桥至卧龙湖坝，在总长3千米的九龙峡景区，"曲径通幽"观景道两侧，龙盘石、山泉、巨岩、峭壁、峰峦、瀑布、亿万年前的海底奇观等30余处自然景观美不胜收。最为绝妙的是洞内有池、池中有洞的九莲洞绝妙景观。当春暖花开之时，峡谷内山水相伴、奇峰峥嵘，犹如一个天然的大花园；金秋时节，漫山层林、色彩斑斓，仿佛一幅美丽的山水画卷。

三皇寨

三皇寨是一处悬挂于少室山山腰的天然山寨。整个景区山体陡滑，山顶平宽。具有泰山之雄、华山之险、北恒之奇、南衡之秀等特点，以峰奇、路险、石怪、景秀闻名中原。因人们为了纪念人祖三皇（天皇、地皇、人皇）在嵩山一带开天辟地之功而命名，踏遍嵩山的寺庙宫观，唯有这里敬奉的神灵游离于三教之外，以人祖为宗，虔诚奉祀。有对联称："跳出红尘三界外，人注白云一洞中。"

雪花洞

雪花洞风景名胜区位于嵩山北麓巩义市境内，距郑州58千米。雪花洞是在石灰岩地区的一个天然溶洞，作为一个奇妙的地下世界，全长1110米，面积约4000平方米。它"寂静、幽雅、深邃，洞内终年恒温，保持在15℃左右，是游览观光的宜人去处"。洞中玲珑剔透的石花、石葡萄和石珊瑚等次生化学沉积物布满整个雪花走廊，形态之美，在国内外发现的洞穴中均属罕见，可谓是"天下第一雪花洞"。

始祖山

始祖山位于新郑市区西南15千米处，面积约12平方千米。这里山清水秀，风景如画，黄帝文化遗迹遍布山野。远远望去，整座山峰好似一尊轩辕黄帝像，伟岸挺拔，眉眼毕现，令人肃然起敬。岭南坡和东坡是百米高的悬崖峭壁，奇峰怪石林立，构成高峻雄伟的山岳风景。同时，山坡上丛林密布果园飘香、半山腰的青岗庙水库清澈见底、西坡的黑龙潭和玉女池也是波光潋滟、妩媚动人，形成山、水、泉、林融为一体的秀丽景色。

连天峰

连天峰又名"摘星楼"，位于河南省登封市，海拔1512米，是嵩山72峰中的最高峰。连天峰周围，群峰耸立，大多以其形态命名。宋楼异曾写《少室三十六峰赋》赞颂奇峰美景，大旅行家徐霞客曾经被困在这里，险些丧命，因此徐霞客称崖底叫"险谷"。连天峰汇聚欣赏性、探险性、地质考古等几个主要集成要素。连天峰地区的岩浆岩、沉积岩、变质岩的出露，构成了中国最古老的岩系，登封群的"登封朵岩"。

神仙洞

神仙洞森林公园距郑州市区仅45千米，景区由神仙洞、杏花村、红石林、鬼谷、鸡山、天门池等景点组成，总面积21平方千米。神仙洞景区自然及人文景观丰富，动植物种类繁多，环境优美，被誉为省会郑州的"后花园"。晋代诗人陶渊明、明代旅行家徐霞客等历代文人骚客都曾在这里留下足迹。

神仙洞长达5000米，总面积15000平方米，是我国北方地区最长的溶洞，也是我国最大的地表溶洞之一。洞内地面平坦，曲径通幽，令人目不暇接的钟乳石造型奇特，栩栩如生，演绎着一个个意味深长的千古神话传说，令人叹为观止。

虎牢关

虎牢关又名虎关、武牢关等，位于荥阳市区西北部18千米的汜水镇，因传闻周穆王曾将进献的猛虎圈养于此而得名虎牢。虎牢关南连中岳嵩山，北濒黄河，山岭交错，自成天险。大有一夫当关，万夫莫开之势，为历代兵家必争之地。春秋时鲁隐公五年（前718年）在此击败燕师，战国时期齐、楚、燕、韩、赵、魏六国驻兵虎牢关和秦国对抗；楚汉争霸时，刘邦、项羽在此争城夺关。一直到元、明、清时期，虎牢关仍是鏖战纷繁，时闻杀声。作为历史上的古战场，虎牢关为人们留下了很多可供观瞻的历史遗迹名胜。

黄河风景名胜区

黄河风景名胜区南依巍巍岳山，北临滔滔黄河，位于河南省会郑州市西北20千米处。这里兼具黄河地上"悬河"的起点，黄土高原的终点，黄河中下游的分界线等一系列独特的地理特征，从而形成了博大、宏伟、壮丽、优美的自然景观。现已开放面积20多平方千米，对外开放的五龙峰、岳山寺、大禹山、炎黄二帝、星海湖等五大景区，分布着"炎黄二帝巨塑""哺育像""大禹"、黄河碑林、万里黄河第一桥、毛主席视察黄河处、浮天阁、极目阁、孔雀园等四十余处景点。

郑州美食
TOP 10

郑州烩面

郑州烩面兴于20世纪80年代，先是老字号"合记"的羊肉烩面独领风骚，然后是萧记三鲜烩面异军突起，成为郑州餐饮的城市名片。

烩面在和面时加鸡蛋和盐，反复揉搓使其筋韧。煮面之时，几番抖动，面片便由粗变细，被拉成宽约2厘米的薄面条。烩面之香，功夫在于汤，汤是由小山羊肉和腿骨熬成的，加入党参、当归、黄芪等中药熬煮，十分滋补。上桌时外带香菜、辣椒油、糖蒜等小碟，其味更鲜。

胡辣汤

胡辣汤起源于河南省，是中国北方早餐中常见的传统汉族汤类名吃。由多种天然中草药按比例配制的汤料，再加入胡椒和辣椒，用骨头汤做底料。其特点是汤味浓郁、汤色亮丽、汤汁黏稠，香辣可口，十分适合配合其他早点进餐。胡辣汤目前有两个流派较为出名，一是西华县逍遥镇流派，以麻辣见长；二是舞阳县北舞渡流派，以醇香见长。

桶子鸡

桶子鸡本是开封特产名菜，以其色泽鲜黄，咸香嫩脆，肥而不腻，越嚼越香几大特点而出名。提起桶子鸡不得不提百年老店"马豫兴"，其桶子鸡更是因为造型独特，色泽金黄，肥而不腻，嫩而香脆广受好评。

水煎包

河南馅食分类很细，如水煎包和锅贴，基本操作程序相同，都是将面皮包馅，下入平底锅，加水或稀面浆大火煎制。但锅贴要二次下浆，成熟后成片相连；水煎包是将熟时淋入小磨油，翻身再煎便成。最大差别是用面，水煎包是发酵面，锅贴是水调面。

信阳炖菜

信阳炖菜是豫南地区饮食的代表，以炖菜、焖菜闻名，强调原汁原味，很少添加味精、鸡精等调味料，所用原料多为信阳特产的天然原生态食品。特别是信阳炖菜，选择绿色原料，汤菜各半、酥烂鲜香，深受河南人民喜爱。

皮渣

皮渣是冀南、豫北地区独具地方特色的菜肴。此菜可煎可烩，炒菜做汤，味美可口，别有风味。口感筋道、香而不腻、后味绵长。最初是淀粉的再加工副食，在粉条的加工过程中配调味料后盛放在模具里定形而成，也有用粉条进行二次煮食后加入海米、葱花、蒜片、姜末、酱油等，加水搅拌蒸制而成。

油馍头

油馍头是河南地区的著名小吃，郑州人喜欢把它当作早餐吃，外酥里嫩。油馍头也称麻烫、油麻、面拖、老鸹头，类似油条又和油条不同，是发面油炸后的食品。在北方一带广为流传，早上吃油馍头，配上豆浆、素余汤、肉丸子方便面或者胡辣汤，是北方人早已习惯了的吃法。

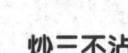

炒三不沾

清乾隆皇帝南巡，路经彰德府，知府命人做了炒三不沾。乾隆吃后龙颜大悦，立即令人记下此菜的做法，从此炒三不沾传至皇宫，成为宫中名菜。炒三不沾也叫"桂花蛋"，主料就是普通的鸡蛋，炒好后色泽金黄，软香油润、浓甜不腻。食用时因不沾筷、不沾盘、不粘牙而得名，是豫菜中的佼佼者。

煎扒青鱼头尾

这道菜在清末民初便享誉中原，素有"奇味"之称。它以大青鱼为主料，对厨师技艺要求很高。厨师取掉鱼的头尾后摆在扒盘两端，鱼身考验刀工的快、薄，切好后鱼肉剁块圆铺在头尾之间。下锅后把鱼两面煎黄再加上冬笋、香菇、葱段为配料。

炸紫酥肉

炸紫酥肉号称赛烤鸭，此菜选用上等五花肉，经过浸煮、压平、片皮处理，用葱、姜、大茴香、紫苏叶及调料腌渍入味后蒸熟，再入油炸四五十分钟。炸时用香醋反复涂抹肉皮，直至呈金红色。切片装碟时，再配上葱白、甜面酱、荷叶夹或薄饼一起吃，酥脆香美，肥而不腻，口感和烤鸭很像又胜似烤鸭。